청춘 조용필

그 시절 우리가 사랑한 레전드

홍성규 지음

21세기북스

전설의 가요 기획사 안타 프로덕션 안치행 회장 추천사

안치행 회장 약력

• 1972년 록밴드 '영사운드' 기타리스트, 작곡가

• 1975년 안타 프로덕션 설립(現 안타 음반)

• 〈영동 부르스〉(가수 나훈아), 〈사랑만은 않겠어요〉(가수 윤수일), 〈연안 부두〉(가수 주현미) 등 히트곡을 포함해 600여 곡 작사, 작곡, 편곡

수많은 가수들의 곡을 만들고 음반 제작을 해왔지만, 단연 조용필이 이 시대 최고의 가수라고 생각한다. 조용필은 록, 팝, 발라드, 트로트, 민요, 모든 장르를 그만의 천부적 감성으로 노래한다. 더욱이 조용필처럼 작사, 작곡, 편곡에 기타 연주까지 한 수 위의 실력으로 대중음악 모든 분야를 아우르는 뮤지션은 아직 없는 것 같다.

나는 1970년대 '영사운드' 밴드 기타리스트이자 작곡가 출신으로 조용필의 대표곡 〈돌아와요 부산항에〉 편곡자이자 제작자였다. 작곡가 출신으로는 처음으로 가요 기획사 안타 프로덕션을 설립하고, 새롭게 사업을 개시할 무렵, 축구 스타 이회택 씨가 매니저를 자청하며 조용필을 소개해 첫 만남을 가졌다.

아담한 외모에 조용한 청년이었는데, 노래 하나는 참 잘한다고 생각했다. 게다가 기타도 맛깔나게 제대로 쳤다. 분명 남다른 재질이 보였다. 마침 준비 중이던 영사운드의 신곡들과 함께 곧바로 제작에 들어갔다. 결과는 모두 아시다시피 대성공이었다.

당시 〈돌아와요 부산항에〉는 부산에서부터 서울로 역주행하며, 〈동백 아가씨〉 이후 대한민국 최고의 히트곡이 되었다. 10명이 넘는 가수들이 경쟁적으로 〈돌아와요 부산항에〉 곡으로 음반 취입을 했지만, 그 누구도 조용필의 벽을 넘지 못했다. 나는 당연히 조용필의 후속 음반을 계속 내고, 대박 음반 행진을 이어갔어야 했는데 아쉽게도 그러질 못했다. 작은 생각의 차이로 적절한 타이밍을 놓친 것 같다. 솔직히 〈돌아와요 부산항에〉 앨범 한 장만 제작한 것에 대해 몇 번이고 후회를 했다.

이후 나날이 슈퍼스타로 변모해가는 조용필의 모습은 너무 놀라웠다. 〈돌아와요 부산항에〉 시절에 처음 보았던 조용필은 미성이 있는데, 〈한오백년〉부터 득음한 명창 같은 탁성을 보여주더니, 매번 음반이 발매될 때마다 상상을 초월하는 새로움을 보였다. 천부적인 가창력에 그만의 후천적 노력으로 한발 앞서가는 사운드가 창조되고 있었다. 새 음반이 나올 때마다 글로벌한 감각마저 자연스럽게 덧입으며, 그다음 행보는 또 무엇일까 강한 기대감이 든다. 그는 누구보다도 미래 지향적인 현재 진행형 가수다.

조용필의 음반은 한 장에 그쳤지만 가요계를 함께 이끌어온 동지로서, 오랜 친분관계는 계속 이어가고 있다. 지금도 오랜 친구처럼 지내는 가요계 인사들과 함께 만나 식사 한 끼와 옛정을 나누곤 한다. 그의 몸과 마음이 건강해서, 오래오래 무대에서 서 있는 모습을 볼 수 있기를 바란다. 그래서 우리의 희망이 되고, 대한민국 가수들의 롤모델이 되었으면 좋겠다.

오랜 기간 가요계에서 활동하던 홍성규 기자가 우리의 영원한 음악 동지 조용필 평전을 출간한다는 이야기를 전해 들었다. 그는 신참 가요 기자 시절부터 10년 넘게 조용필과 친분을 쌓아가며, 가장 지근거리에서 그를 지켜보았다. 가왕이나 슈퍼스타 조용필로서가 아닌, 이름 석 자 인간 조용필을 잘 아는 기자일 것이다. 조용필과 육성으로 나눴던 생생한 음악과 인생 이야기, 또한 가요 전문 기자로서 객관적이고 깊이 있는 평론도 기대할 만하다. 홍성규 기자가 만난 조용필을 기록하고, 오늘날 '가왕'의 자리에 오르기까지 산전수전, 파란만장했던 과정을 사실대로 온전하게 전하는 것은 조용필을 사랑하는 팬덤뿐 아니라, 한국 가요사적으로 꽤 의미 있는 일인 것 같다.

2024년 새해에는 대망의 20집 새 앨범이 나올 예정이라고 한다. 이 책이 조용필을 향한 뜨거운 응원의 메시지가 되길 기대해본다.

안타 프로덕션 대표
안치행

'가왕'의 가요계 50년 동지 김기욱 PD 발간 축하문

〈돌아와요 부산항에〉부터 〈창밖의 여자〉, 〈허공〉, 〈꿈〉, 〈바람의 노래〉를 거쳐, 〈바운스〉, 〈세렝게티처럼〉까지 수많은 히트곡과 함께 55년간 한국 가요계를 지배해온 가수 조용필. 조용필은 뛰어난 가창력, 독특한 음색, 변화무쌍한 감정 처리 능력을 갖고 있다. 게다가 현실에 안주하지 않고 끊임없이 노력하는 자세, 어떤 상황도 돌파하는 승부사 기질이 더해져 '가왕' 그 이상으로 불러도 손색이 없다.

나는 조용필을 '용필 씨'라 부른다. 말수가 적은 조용필은 술자리에서 간혹 나를 '형'이라 불렀고, 나중에 정년퇴직한 후에는 '친구'로 지내자고 했다.

용필 씨를 처음 만난 것은 1976년 내가 TBC(동양방송)에서 신참

PD로 방송국 생활을 시작할 때였다. 〈노래하는 곳에〉라는 공개 생방송 프로그램이었는데, 어느 날 용필 씨가 홀연히 나타나 출연했다. 조그마한 체구임에도 목소리가 왜 그리도 힘있고 좋던지. 게다가 그날은 어쩌다 그랬는지 손을 다쳤는데도 아픈 손가락으로 기타 연주까지 완벽하게 구사하며 멋진 무대로 생방송을 마쳤다. 그의 첫인상은 '작은 거인'이었다.

그후 TBC 재직 시에는 가요 프로그램이 아니라 사회고발 시사 프로그램을 맡아, 1980년 언론 통폐합 시절 KBS로 자리를 옮길 때까지 용필 씨를 만날 기회가 별로 없었다. 그러나 KBS 2라디오〈임성훈의 연예가 중계〉, 〈이택림, 정은아의 희망가요〉, KBS 2FM 〈봄여름가을겨울의 2시가 좋아〉, 〈이금희의 가요산책〉, 〈이본의 볼륨을 높여요〉 등 인기 프로그램 가요 PD를 맡으면서, 가수 조용필과의 인연이 다시 이어졌다. 그 무렵은 1980년대 조용필의 가요계 독주 시대가 열린 때였다. 〈돌아와요 부산항에〉의 신인 가수 조용필이 아니었다. 가요 전문 PD와 슈퍼스타와의 50년 만남의 역사가 시작되고 있었다.

한번은 〈이택림, 정은아의 희망가요〉의 청취자 전화 노래자랑 코너에서 조용필 노래만 부르는 특집을 편성, 용필 씨가 심사위원으로 직접 출연했다. 캄보 밴드까지 동원한 라이브 무대였다. 노래

경연 후 심사하는 동안 짬이 났는데, MC 이택림 씨가 갑자기 PD인 내게도 노래를 시키는 바람에 마지못해 〈바람이 전하는 말〉을 불렀다. 그런데 이게 웬일, 전혀 키가 맞지 않아 식은땀을 흘리며 엄청 곤욕을 치렀다. 그러나 청취자들이나 방송 스태프들 모두가 너무 재미있다며 즐거워했던 시간이었다.

방송국에서 용필 씨를 자주 만날 때, 가장 인상적인 기억은 누구에게나 겸손한 자세를 보였다는 것이다. 신인 가수로 처음 만났을 때부터 이후 슈퍼스타 자리에 올라섰을 때까지, 지위고하를 막론하고 누구에게나 항상 '조용필입니다' 하고 고개 숙여 인사하면서 깍듯하게 대했다.

TBC와 KBS PD 시절 용필 씨와의 얽힌 삶의 뒷이야기는 한두 가지가 아니다. 이제는 모두 생각만 해도 혼자 웃음 짓게 하는 아련한 추억들이다. 1997년 추석 전날 에피소드도 마음속에 오래 남아 있다. 서초동 예술의 전당 앞 빌라에 안진현 여사와 가정을 꾸렸을 때는 집에도 가끔 놀러 갔는데, 안 여사가 "며칠 전 골프장에서 다리를 삐끗했다"며 절뚝거리고 있었다. 용필 씨는 "오늘은 내가 직접 밥을 하겠다"며, 쌀을 씻어 전기밥솥에 앉혀놓았다. 용필 씨는 집안에서 아내를 업고 다니며, 살갑기 그지없는 모습을 보였다. 그런데 수다를 떨며 한참이 지나도 취사 완료 신호가 감감무소식이었다. 알고 보니 취사 버튼을 눌러야 하는데 보온 버튼을 눌러놓고 기다린 것이었다. 호기롭게 나섰던 용필 씨가 특유의 뒷머리 긁적이는 포즈로 겸연쩍어했고, 모두들 깔깔대며 눈물 날 정도로 웃었다.

안진현 씨는 내 아내와 1950년 동갑내기에다 키도 비슷해 더욱 친근감을 보였다. 우리 부부와 안 여사 세 사람은 늘 용필 씨 콘서트 객석에 나란히 앉아, 마치 오래된 친구들처럼 의상 이야기, 소소하게 먹고사는 이야기를 도란도란 나누곤 했다.

용필 씨는 그제나 이제나 서민적이고 소탈하다. 언젠가 체조 경기장 콘서트 뒤풀이 자리에서 한 테이블에 앉았는데, 호텔 측에서 준비한 고급 양주가 나오자 용필 씨가 내게 눈짓을 하며 앞에 있는 물주전자를 가리켰다. "이 안에 소주 있어요" 하면서 씨익 웃었다. 우리 둘은 뒤풀이 자리 내내 물주전자 소주를 서로 따라주며 긴밀한 대화를 나눴다.

용필 씨 집 앞에는 조그만 노래방 하나가 있었는데, 공연이 잡히면 지인들과 이 노래방에 가서 연습 삼아 노래를 불렀다. 용필 씨가 단골로 자주 가다 보니, 노래방에서는 일부러 조촐한 공간을 꾸며주었고, 늘 소주와 안주가 준비되어 있었다.

나는 아마도 대한민국 PD 중에서 가장 조용필 콘서트를 많이 본 사람일 것이다. 적어도 30~40개 콘서트는 봤을 것 같은데, 가장 추억으로 남은 공연은 용필 씨 어머니가 객석에 앉아 아들을 바라보던 잠실 실내 체육관 콘서트다. 용필 씨는 사랑하는 어머니의 최애곡이라며 〈허공〉을 불렀다. 눈물을 훔치며, 흐뭇한 얼굴로 바라보던 그 어머니의 모습이 아직도 눈에 선하다.

조용필은 클래식만 허용되던 세종문화회관, 서울 예술의 전당에 이어 잠실 주경기장 콘서트도 대중 가수로 무대에 선 최초의 기록을 세웠다. 이중에서도 잠실 주경기장 콘서트는 오래도록 그 잔상이 남아 있다. 그날따라 부슬부슬 가랑비가 내려 관객 모두가 우비를 입고 관람했는데, 나중에는 용필 씨가 무대에서 내려와 주경기장 육상 트랙을 팬들과 함께 달렸다. 빗물이 눈물 같은 감동의 현장이었다. 그날 이후 잠실 주경기장은 조용필 공연만 하면, 꼭 비가 내렸다.

근래 2023년 12월 9일~10일 KSPO돔(구 올림픽 체조 경기장)에서 열린 콘서트도 어김없이 티켓을 구해서 관람을 했다. 용필 씨가 감기가 걸려 멘트 없이 노래만 하겠다고 양해를 구했다. 내심 걱정이 되었지만, 일단 무대에 오르면 언제 그랬냐는 듯 달라지는 '가왕'의 내공이 살아나며, 이내 뜨겁게 달아올랐다. 그동안 부르지 않았던 레퍼토리도 많이 불러 신선한 충격이었다. 변함없는 무대를 보면서, 앞으로도 오래오래 노래하겠구나 하는 생각으로 가슴이 뿌듯했다.

나는 2006년 KBS에서 정년퇴직했다. TBC, KBS를 거치며 50년 방송 PD 인생을 마치며 만감이 교차했다. 그중에서도 용필 씨와 보낸 시간들을 빼놓을 수가 없어 '조용필 당신이 있어서 PD 생활이 행복했습니다'라는 문자를 보냈다. 용필 씨도 감사와 응원의 메시지로 화답을 했다. KBS 퇴직 후에도 2년간 KBS 제작위원 PD로 근무 연장을 했고, 현재까지 공동체 방송 관악 FM에서 방송 본부장 겸 PD로 재직하고 있다. 〈가요 톡톡〉, 〈추억의 음악다방〉 2개 프로그램 연출을 계속하며 조용필 노래도 많이 선곡한다. 지금도 매일 용필 씨 노래를 틀고, 듣다 보니, 직접 만나지는 못해도 자주 만나는 기분이다. 미력하나마 언제나 먼발치에서 조용필을 응원한다.

이번에 대학 후배이며, 오랜 기간 가요 전문 기자로 활동하며, 그 누구보다도 용필 씨와 좋은 인연을 맺었고, 기사를 많이 썼던 홍성규 기자의 조용필 평전이 발간된다고 한다. 내용도 오마주 조용필이라 너무 반가운 책이다. 과거 KBS 가요 PD 시절 주변에서 가왕 조용필의 아름다운 기록을 남길 책이 있어야 한다는 이야기를 많이 들었다. 진작에 나왔어야 할 책이다. 나도 이 자리를 빌려 조용필을 오마주한다. 가수 조용필을 추앙한다고 말하고 싶다.

이제는 인생 동지를 넘어, 친구로 부르고 싶은 용필 씨가 적어도 90세까지는 씩씩하게 무대에서 노래할 것을 확신한다. 오마주 조용필!

전 KBS 라디오 PD
김기욱

36년 만에 정리하는
가왕 조용필 취재 수첩

자타가 공인하는 대한민국의 영원한 '가왕(歌王)' 조용필.

최초 밀리언셀러 음반 판매, 최초 누적 앨범 판매량 1,000만 장 돌파, 최다 방송가요상 수상은 물론, 유일무이하게 방송 가요 대상 수상 포기 선언까지, 한국 가요사상 최고라는 기록은 모두 가진 사람. LP로 시작해 카세트테이프와 CD를 넘어 현재 디지털 음원까지 55년 한국 가요사를 꿰뚫는 역사를 만들어내는 사람. 전설을 넘어 한국 가요계 신화의 경지에 이르렀다고 말할 수 있는 사람. 조용필은 자신과의 끝없는 싸움을 통해 정해진 틀에서 탈피하고 늘 새로움을 덧입고 있다. 전 장르를 섭렵한 멀티 플레이어 톱 가수. 조용필을 이렇게 부르고 싶다. 조용필의 공식 1집 앨범은 수록곡 전곡이 다른 장르였으며 모두 히트한 불후의 명반으로 남아 있다.

늘 새로운 음악을 구상하며 실천하고 끝없이 진보하는 뮤지션, 조용필의 힘과 열정의 원천은 무엇일까. 필자는 조용필이 막 슈퍼스타로 등극하던 시절부터, 20년간 스포츠 신문 연예기자로 활동했다. 그 가운데서도 대부분을 대중음악 전문 기자로 보냈다. 햇병아리 기자 시절, 얼떨결에 38세 청년 조용필을 처음 만나, 감히 '용필이 형'이라고 부르며, 가왕 조용필 태동기의 역사를 지근거리에서 취재하고 라이프스토리까지 연재했다.

조용필의 '가왕'이라는 수식어도 내가 생각해냈다. 그냥 '가수 조용필'이라고 쓰기는 너무 약한 것 같고, 그렇다고 당시 선배 기자들이 쓰던 톱 싱어, 최고의 가수 등은 너무 진부하게 느껴졌다. 슈퍼스타 조용필을 직접 만나 하나하나 알아가다 보니 그에게 가장 어울리는 찬사는 가왕이었다. 오늘날 조용필에게 가왕이라는 표현은 너무나 당연하고 자연스러운 수식어가 되었지만, 막상 조용필은 가왕이라는 표현은 매우 어색해했다. 그저 '용필이 형'이라고 불리길 좋아했고, '조용필' 이름 석 자를 가장 사랑하며, 그중에서도 '도울 필(弼)'자를 선호했다.

용필이 형은 고 안진현 형수를 보내고 무척 아프고 힘들어하던 때, 지인들과 함께 집으로 찾아가 소주 한잔 나눈 이후 만나지 못했다. 나 역시 2004년 신문사 퇴사 이후 중국 베이징과 상하이에서 한류 영화 잡지를 발행했고, 먹고사느라 이런저런 사업으로 정신이 없어서 한동안 조용필이라는 존재를 감히 잊고 지냈다.

부인상 이후 10년 만인 2013년에 발표한 앨범 〈헬로〉와 노래 〈바운스〉를 접하고, 너무 반가웠다. 그리고 2022년 신곡 〈세렝게티처럼〉과 〈찰나〉가 다시 찾아왔다. 용필이 형은 1990년~1991년 〈추억 속의 재회〉와 〈꿈〉을 발표하기 전, 누차 '가수는 늘 앞서가는 음악을 해야 한다'라고 다짐했다. 그로부터 30년이 넘는 지금까지 그 놀라운 신념이 어김없이 지켜지고 있음에 전율이 느껴진다.

잠시 잊고 있었던 용필이 형과의 옛 추억이 새록새록 떠올라, 서랍 속에 오랫동안 묵혀 있던 조용필 관련 기사 스크랩과 취재 수첩을 꺼내보았다. 용필이 형이 이런 말도 했었구나 하며 혼자 뭉클하기도 했다. 그러면서 연예 관계자들을 만날 때 조용필과 호형호제하며 매일 만나 밥 먹고 술 먹었으며, 그냥 잊히기에는 너무 아까운 내용을 장기간 신문에 연재했던 사실을 자랑했다. 사람들은 그 스토리들이 재미있는 것은 물론, 너무 리얼하고 소중해 보이니 말로만 하지 말고 기사로 써라, 가요사적 기록이라며 기사 쓸 것을 권유했다. 그렇게 '홍성규 기자의 스타 메모리'라는 칼럼 몇 회를 연재했고, 너무 반응이 좋아 단행본으로 출판하기에 이르렀다.

'용필이 형'에게는 측근을 통해 메시지를 보냈다.

"2004년쯤 자택에서 소주 한잔 나누었던 것을 마지막으로, 사는 일이 바쁘다 보니 못 뵈었습니다. 그렇지만 늘 뉴스를 통해 끊임없는 활동 소식을 접할 때마다 반가움과 감탄을 금치 못합니다. 아주 오래전 인터뷰 때마다 '앞서가는 음악'에 대해 말씀하셨던 용필이 형의 뮤지션으로서 강한 신념을 다시 한번 떠올리곤 합니다. 제가 가요 기자 시절, 가장 오래도록 가슴에 남아 있는 용필이 형과의 아름다운 기억을 남기고 싶습니다."

그리고 얼마 후 측근에게서 답장을 전달받았다. 신곡 앨범 준비 외에 신경 쓸 틈이 없다면서 출간되면 책 한 권 보내라는 것이었다.

그렇게 집필을 시작하고 보니 너무 재미있고, 때론 혼자서 감동해서 가슴이 짠하기도 했다. 뽀얗게 먼지가 쌓여 있던 과거 취재 수첩과 스크랩 자료를 들춰보면서, 자꾸만 잊어버렸던 일들이 새록새록 다시 떠올랐다. 또한 그 이야기 하나하나가 각각 따로가 아니라, 일관성 있게 '음악은 조용필의 모든 것'이라는 주제로 집약된다는 사실이 놀라웠다.

이 작은 기록들이 음악 하는 후배들에게는 귀감이 되고, 팬들에게는 가왕을 재조명하는 좋은 기회가 되길 기원한다.

2024년 가을,
홍성규 기자

차례

전설의 가요 기획사 안타 프로덕션 안치행 회장 추천사 • 4

'가왕'의 가요계 50년 동지 김기욱 PD 발간 축하문 • 8

들어가며 36년 만에 정리하는 가왕 조용필 취재 수첩 • 14

1부 우리가 몰랐던 조용필의 시간들

슈퍼스타를 처음 만난 날 • 23

자존심 끝판왕 조용필 • 36

해운대 1박 2일 007 작전 • 42

음악 다음으로 사랑한…… 술 • 55

조용필의 마음속 깊은 효성 • 63

'작은 거인'은 어떻게 '위대한 탄생'을 이뤘나

조용필에게 자신감 안겨준 1980년 재미 동포 순회공연 ・81

조용필, 한 차원 높은 음악 세상으로 날다 ・86

대한민국 팬덤 문화의 시초 ・99

아시안 팝스의 원조 조용필 ・111

조용필과 위대한 탄생 ・129

그 사랑 한이 되어 ・140

이 세상 모든 것들을 사랑하고 노래하리

음악으로 살고 음악으로 죽는다 ・147

조용필은 항상 왼손으로 마이크를 잡는다 ・156

야생 뮤지션 조용필을 세상에 알린 〈돌아와요 부산항에〉 ・168

노래는 친구들에게 이야기하듯 ・174

노래 이야기 ・191

마치며 ・212

1부

우리가 몰랐던
조용필의 시간들

슈퍼스타를
처음 만난 날

　　슈퍼스타 조용필과 처음 만난 것은 88 서울올림픽을 한 달 앞둔 1988년 8월이었다. 1985년 한국일보사 일간스포츠에 입사해서 연예부에 배치되고, 가요 담당 기자가 된 지 얼마 안 되었을 때였다. 우리 신문은 그때 스타들이 살아온 인생을 담는 '스타 스토리'라는 연재를 의욕적으로 시작한 참이었다. 각 담당 기자들이 연예인을 인터뷰하고 그 스토리를 싣는 코너였다. 첫 번째 주자는 '못생겨서 죄송합니다'라는 유행어로 최고 인기를 구가하던 코미디언 이주일이었다. 60회 가까운 연재가 끝나고, 바통을 이어받을 사람으로 조용필이 거론됐다.

　　조용필은 당시 이미 국내 정상을 정복하고, 일본에서 초절정 인기를 누리고 있는 가수였다. 당대 최고의 스타만을 다루겠다는 스타 스토리 편집 취지에 가장 잘 어울리는 인물이었다. 신참인 나는 당연히 베테랑 선배 기자가 조용필의 인터뷰를 맡으려니 생각하고 있었다. 그런데 하루는 연예부장께서 부르더니 "조용필은 네가 맡아서 해야 할 것 같다"고 했다.

순간 망치로 머리를 한 대 맞은 듯, 띵했다. 뭘 잘못 들었나 싶어, 부장께 되물었더니 선배 가요 기자가 너무 바빠서 힘드니, 이제부터 나는 다른 취재를 다 멈추고 조용필 인터뷰에만 매달리면 된다는 것이었다.

당시 일본에서 주로 활동하던 조용필은 이혼 문제로 무척이나 마음이 힘들 때였던 반면 오랫동안 추진해오던 중국 공연을 성사시키는 등 좋고 나쁜 일이 겹치면서 연예계 최대 이슈였다. 근래에는 중국에서 공연하고 활동하는 일이 크게 대단한 일은 아니지만, 그 당시 중국은 아직 공산권 미수교국가여서 조용필의 공연을 두고 '죽의 장막을 깼다'라는 정치면 기사까지 나올 정도였다. 연예 매체뿐 아니라, 일반 매체에게도 초미의 관심사였기에 치열한 취재 경쟁이 벌어지고 있었다.

그런데 이제 막 연예부에 온 햇병아리 가요 기자에게, 장장 몇 개월 동안 조용필을 계속 만나면서, 50회 넘는 연재를 진행하라니? 더구나 전작 '이주일 스타 스토리'가 큰 화제가 되며 성공적으로 마감된 뒤끝이다 보니, 중압감이 장난이 아니었다. 그렇다고 신참 기자가 감히 주어진 일을 마다할 수는 없었다. 신문사에 입사해

오리엔테이션을 받고 경찰서 출입기자 훈련 후, 각 부서 로테이션을 돌며 선배 기자들에게 '취재 지시가 내려오면 절대 거부하지 말고, 무조건 하는 척이라도 해야 한다. 다 인사고과에 반영된다'는 조언을 들었기 때문이다. 군 복무 시절 '상관이 까라면 까야 한다'라던 말 이후에 처음 듣는 말이었다. 당시 신문사는 어떤 직장보다도 사생활이 자유로운 반면, 일에 대해서는 과하다 할 만큼 엄격하고 까다로웠다. 취재 명령이 떨어지면 무조건 성공시켜야 했다. 미션을 수행하지 못하거나 경쟁지에 특종을 뺏길 경우, 편집국 회의 석상에서 '도대체 연예부는 뭘 한 거야!' 하고 날아오는 재떨이는 물론, 담당 기자는 회사 그만둘 생각까지 해야 했다.

그럼에도 연예부장은 태연한 표정으로 "한동안 힘들겠지만, 연예기자로 성장하기 위한 좋은 기회가 될 것"이라는 말로 나를 격려했다. 신문사에서 내부적으로 기대하는 내용은 조용필의 음악적인 성과에 대해서만 쓰는 것이 아니라, 지극히 개인사적인 내용까지 들어가야 하고, 연재 기간에 타 매체들이 못 쓰는 특종까지 이끌어 내야 한다는 것이었다. '산 너머 산, 강 건너 강'이었다.

때는 1988년 8월 10일, 역사적인 중국 공연이 끝나고 조용필이 베이징에서 김포공항으로 귀국하던 날이었다. 조용필은 계속 해외에서 체류 중이었고, 여러 가지로 마음이 복잡하다 보니 외부와 소통을 전혀 않고 있었다. 그를 만나려면 점잖게 통화로 약속을 잡는 방식은 어려웠다. 무조건 공항으로 나가 부딪히는 방법뿐이었다. 예상대로 공항은 조용필을 취재하기 위한 기자들과 팬들로 가득 메워져 있었다. 입국장 게이트가 열리고 조용필 일행이 모습을 보이자 팬클럽들이 앞다퉈 꽃다발을 선사했고, 사진기자들의 플래시가 터졌다. 조용필은 간단한 인사말만 남기고 서둘러 이동했다. 구름 떼 같은 군중에 밀려 '어 어' 하다가 조용필을 놓쳐버린다면 큰 낭패였다. 다급해진 나는 "비켜요, 비켜!" 하다가 육두문자까지 섞어서 고래고래 소리를 질렀다.

필사적으로 인파를 헤치고 나아가서, 큰 목소리 말했다.

"저 홍성규 기자입니다! 말씀 전해 들으셨지요? 저랑 지금 잠깐 이야기 좀 나누시지요!"

조용필에게 건네는 첫인사였다. 불쑥 조용필을 향해 다가서자 매니저로 보이는 일행들이 나를 막아섰다. 다른 기자들이 무슨 영문인가 보려고 모여들고 있었다. 공항 내 커피숍 같은 곳으로라도 장소를 옮겨 대화를 나눌 수 있는 분위기가 전혀 아니었다. 조용필도 주변을 둘러보더니 대뜸 "아리야스로 와요" 하는 짧은 한마디만 남기고 다시 바쁘게 발걸음을 재촉했다.

'아리야스'는 당시 여의도 KBS 별관 후문 동북빌딩 2층에 있던 주점을 겸한 카페로, 방송 관계자와 매니저들이 자주 가는 장소였다. 신입인 나로서는 사실 아리야스가 뭐 하는 데인지 잘 몰라 당황스러웠다. 그날 공항에 나온 다른 관계자들에게 물어 간신히 알 수 있었다. 그러고 부리나케 주차장에서 내 승용차 현대 포니 2를 빼서, 마치 조용필 일행을 추격하듯 거칠게 차를 몰았다. 먼저 출발한 그들을 따라 빠른 시간 내에 아리야스에 도착하지 못하면 기다려주지도 않고 그냥 가버릴 것 같았다.

숨을 몰아쉬며 아리야스에 도착해 카페 문을 열고 들어서자 홀에는 매니저로 보이는 사람들이 몇 앉아 있었고, 카페 종업원이 "오빠 만나러 오셨지요" 하고는 눈치껏 나를 별실로 안내했다. 조용필은 혼자서 커피를 마시며 담배를 피우고 있었다. 순간 무슨 말부터 꺼내야 할지 아무 생각이 나지 않았지만 숨 한번 크게 들이쉬고, 속으로는 호칭을 뭐라 해야 하나 고민하면서 명함을 내밀었다.

"조용필 씨! 반갑습니다. 인사드리겠습니다. 일간스포츠 연예부에서 새로 가요 맡은 홍성규 기자입니다."
"아, 그래요. 무슨 말씀인지, 해보세요."

조용필의 얼굴은 피로가 가득해 보였다. 빨리 집에 가서 쉬고 싶은 표정이었다. 거기서 지금 인터뷰까지 하자는 말이 쉽게 떨어지지 않았다. 썰렁한 분위기에 어색한 침묵이 흘렀다. 조용필이 바로 "인터뷰는 다음에 하면 좋겠다" 하고 실망스러운 답을 준다면 큰

일이었다. 나는 마치 입막음이라도 하듯, 뜬금없이 내 소개로 아이스 브레이킹을 시도했다. 나는 일반적으로 생각하시는 다른 가요 기자들과 다르다. 대학 시절 밴드를 했을 정도로 음악을 너무 좋아한다. 좋아하는 뮤지션은 지미 헨드릭스, 제임스 갱, 그랜드 펑크 레일로드, 유라이어 힙, 게리 무어 등이다. 치과의사 하는 우리 친형도 스쿨 밴드 기타리스트 출신인데, 대학가요제에서 입상하고 들국화 전인권과 함께 활동했다. 신문사에 들어와서도 아무도 가지 않으려는 연예부를 혼자 지망했다. 가요 기자가 되기 위해서였다. 앞으로 스캔들 같은 기사 말고, 음악을 전문적으로 다루겠다 등의 이야기를 숨도 쉬지 않고 장황하게 늘어놓았다. 조용필은 그제서야 재미있다는 듯 미소를 띠기 시작했다.

나중에 안 것이지만 '밴드 경험이 있고, 음악을 너무 좋아해서 가요 기자가 되었다. 사적인 이야기는 말고, 음악 이야기만 듣겠다'며 '기자연' 하지 않고, 조금은 어리바리하고 순수한 모습을 보인 것이 조용필의 마음을 얻었던 것 같다. 닳고 닳은 기자처럼 폼 잡고 기삿거리만 뽑아내려고 했으면, 아마도 이 마라톤 인터뷰 작업은 힘들었을 것이다. 물론 이러한 초심은 추후 특종을 뽑아내라는 회사의 주문과 나의 공명심으로 인해 엄청나게 흔들리게 되겠지만.

조용필은 아무 말 없이 내 이야기가 끝날 때까지 차분하게 듣고 나서는 만면에 웃음을 띠며 말했다.

"오늘 시간 되세요? 우리 집으로 가서 한잔하며 이야기 나눌까요."

그냥 커피를 마시며 첫 인터뷰만 해도 성공이었을 텐데, 자택까지 따라가서 취중 토크라니? 조용필은 어차피 술을 마실 것이니 내가 타고 온 차를 여의도에 두고 자신의 승용차를 함께 타고 가자고 했다. 나는 속으로 '얼마나 술을 많이 마시려고 저러시나' 살짝 겁까지 났다. 그의 벤츠 승용차 뒷좌석에 나란히 앉아서, 서초동 자택으로 가는 길에 조용필은 별 말이 없었다. 그날 그 시간까지 겪었던 수많은 일과 상념들이 머릿속을 스치고 지나갔기 때문이었을까?

나는 신문사 연예부장에게 전화를 걸어 '오늘 회사로 못 들어간다. 조용필 씨 집에 가서 술 한잔하며 인터뷰하기로 했다'고 의기양양하게 보고했다. 회사에서는 강한 기대감을 표했다.

"와우 잘됐네. 수고했다. 특종거리 많이 낚고 그곳에서 퇴근해라."

서초동 자택에 도착한 조용필은 '역시 술은 쏘주'라며 가사도우미 분에게 소주 한 병과 찌개 안주를 부탁했다. 그리고 술상이 나오자 재미있다는 듯 아까 하던 내 이야기를 계속 해보라고 했다. 나는 취재기자로 그 자리에 와있다는 사실도 잊어버리고 대학생 밴드 시절 뒷이야기와 어떻게 해서 기자가 되었는지, 음악을 어떻게 좋아하게 되었는지, 어떤 집안인지 신나게 이야기를 했다.

술자리가 무르익으면서 나는 자연스럽게 조용필에게 '형'이라고 불러도 되겠냐고 했다. 사실 초면에 '조용필 씨' 하고 대화를 시작했지만 계속 조용필 씨라고 부르며 이야기를 나누기가 쉽지 않았다. '용필이 형'도 기다렸다는 듯 편안하게 말을 놓으면서 인터뷰도 좋지만, 이렇게 이야기 나누니 너무 재미있다고 즐거워했다.

/ 홍성규의 그때 그 시절 \

당시 신문 기자들에게는 지위고하를 막론하고, 절대 '님'이라는 호칭을 사용하지 않는다는 불문율이 있었다. 이는 신문사만의 독특한 문화인데, 특히 경찰서 출입기자로 수습 훈련을 받을 때, 경찰 간부나 형사들이나 피의자들에게 취하는 행동 양식이 그랬다. 경찰서 기자실에 첫 출근하는 날, 일부러 경찰서장 방을 발로 차고 들어가 박카스를 뺏어 먹으며 '군기를 잡았다'는 선배 기자들의 무용담도 심심치 않게 들었던 터였다.

취재 대상에게 일일이 존칭을 하며 예의를 갖추다 보면, 우습게 보여 취재가 잘 안 된다는 논리였다. 그러다 보니, 신문사 내에서조차 국장을 국장님으로, 부장을 부장님으로 부르지 못해 마치 후배 부르듯 '김 국장', '박 부장'이라고 해서 누가 위이고 누가 아랜지 모르겠다는 오해를 사기도 했다.

게다가 연예부 선배들한테는 "절대로 연예인과 형 동생이 되어서는 안 된다. 그러면 꼭 써야 하는 기사를 못 쓰는 상황이 올 수 있다. 취재원과는 너무 가까워도 멀어서도 안 된다. 불가근불가원이다"라는 이야기를 귀에 못이 박이듯 들었다.

그러나 신참 기자가 슈퍼스타를 만나는 상황은 다르다고 판단했다. 지금부터는 내 방식으로, 기자라는 생각을 잊어버리고 '용필이 형'으로 모시고, 가족처럼 이야기를 써나가야겠다는 생각을 굳혔다. 그 순간부터 상대에게 건방져 보이는 취재 지침은 전혀 필요가 없었다.

술자리였지만 나는 본격적으로 취재 수첩을 꺼내 들었다. '조용필이 살아온 길에는 누구보다 진한 명성과 고뇌가 있습니다. 한국 대중 가수로서 최초로 중국 대륙 만리장성에서 콘서트를 열면서 음악의 영역을 세계로 넓히고 있지만, 돌아오는 그의 발길이 쓸쓸해 보이는 것은 왜일까요. 이제 조용필의 뼈를 깎는 아픔을 씹으면서, 생명 같다는 그의 음악과 그의 사랑을, 그리고 그의 이별과 또 남은 희망을 기사에 담으려 합니다'라고 공식 인터뷰의 말문을 열었다.

조용필도 한층 편안한 얼굴로 대화를 이어나갔고, 나는 수첩에 받아 적었다.

"내 나이 이제 38살. 인생의 시련과 고비는 반드시 찾아온다고 생각했고, 그동안 많은 시련이 찾아왔지만 최근 며칠간은 누구나 겪어야 할 일이라고 생각하고 지나치기에는 감당하기 어려운 일의 연속이었다. 엄청난 무게감으로 다가오는 팬들의 압력, 남들은 모르는 나만의 괴로움이 있다. 결국 모든 것은 나와의 싸움이었고, 이를 이겨낸 것은 사랑하는 음악이 있었기 때문이다. 음악은 나의 생명과도 같다. 음악을 너무 좋아해서 낯선 길을 걸어왔고, 온갖 영욕을 안고 살아왔다. 음악은 멀리 있는 것이 아니라, 내 마음속에 살아 있는 '혼의 소리'이다. 이제 또 다시 새로운 도전에 나서겠다."

조용필과의 첫 인터뷰, 첫 술자리 인사말에 그의 모든 과거와 현재와 미래가 담겨 있었다.

조용필이라는 가수를 처음 알게 된 것은 대학 입학을 앞둔 때였다. 1978년 봄, 대학 입시 수험생으로 오랜 기간 짓눌려 있다가 모처럼 여유로운 시간을 보내고 있을 때였다. 신촌 사는 친구 집에 동창생들 여럿이 모였는데, 라디오에서 '꽃 피는 동백섬에 봄이 왔건만'하는 처음 들어보는 노래가 흘러나왔다. 그때만 해도 한국 가요계는 크게 남진과 나훈아로 대표되는 트로트, 그리고 통기타 가수들의 포크 음악으로 나뉘어 있었다.

당시 음악 좀 안다는 청소년들은 한국 가요는 듣지 않았고, 팝 음악을 즐겨 들었다. 라디오 FM 음악방송의 최동욱, 이종환, 김기덕, 김광한, 박원웅, 이백천 등 팝 음악 DJ들은 청소년들 사이에서 연예인 못지않은 인기였다. 나 역시 중학생 때부터 카펜터스, 올리비아 뉴턴존, 존 덴버, 아바, 사이먼&가펑클 등의 노래를 좋아했고, 빌보드차트 순위까지 달달 외웠다. 청계천 레코드 가게에서 잘 알려지지 않은 록밴드나 기타리스트들의 빽판(불법 복사판)을 사 들고 학교에 가서 친구들에게 음악적 지식을 과시하는 것이 멋있게 느껴졌던 시절이었다.

그런데 우연히 라디오에서 듣게 된 이 노래는 트로트풍이지만 세련되었으며 록 스피릿이 느껴졌고, 얇지만 밀고 당기는 허스키 음색이 예사롭지 않았다. 친구들은 떠들썩하게 놀고 있었지만, 그 순간 나는 집중해 이 노래를 유심히 들었다. 이 가수가 누군지 아는 사람 있냐고 묻자 한 친구가 말했다. "요즘 뜨는 가수 조용필이야. 노래 좋지?" 그 이후 여기저기 신문 방송 등이 그의 이름과 얼굴로 도배되었다.

대학에 가서는 학교 친구들과 스쿨밴드로 활동했는데, 당시 대학가는 1977년부터 시작된 MBC 대학가요제를 필두로 강변가요제, KBS 대학가요축제 등 대학 가요 붐이 일고 있었다. 어느 날 학교 게시판에 전국 대학생 보컬그룹 경연대회 공고가 올라왔고, 밴드에서 기타를 치던 친구가 이 대회에 나가보자고 제안했다. 학과 사무실을 빌려 열심히 연습했지만 내가 맡은 베이스기타 실력이 너무 아마추어라 진도가 안 나갔다. 행사일은 다가오지, 마음이 급해진 우리는 지인을 통해 미8군 클럽 기타리스트 출신이라는 밴드 마스터 형을 모셔왔다. 이 형은 유행하던 외국 록밴드들의 어려운 곡들을 악보도 없이 거의 똑같이 따서 연주했고, 목 뒤로 기타를 들어 올려 연주하기도 하고 기타 줄을 물어뜯기도 하는 환상적인 애드리브까지 선보였다.

이런 멋진 형에게 스파르타로 레슨을 받다 보니, 실력도 급속도로 성장했다. 그러나 너무 단기간이었던 데다 경연대회 당일에는 긴장한 나머지 실수를 하는 바람에 입상하지 못했다. 이 실패를 거울삼아 충분한 기간을 두고 심기일전하기로 했다. 나는 전문적으로 베이스기타를 배우기 위해 동대문 쪽에 있던 음악학원에 등록했다. 그러나 얼마 지나지 않아 5·18 광주항쟁이 일어났고, 휴교령이 내려 학교에 나가기가 힘들어졌다. 우리 밴드 멤버들은 이후에 모두 군에 다녀온 뒤 다시 뭉치자면서 헤어졌지만, 사랑과 낭만이 가득했던 스쿨밴드 생활은 그대로 끝이 나고 말았다.

짧다면 짧았던 스쿨밴드 활동으로 얻은 것이 있다면, 그전에는 그냥 무심코 들었던 노래들이 예사롭게 들리지 않게 되었고, 음악을 들을 때 보컬과 멜로디 라인만 따라가는 것이 아니라 각 파트별로 나눠서 듣는 귀가 생겼다는 것이다. 게다가 무대 위에서 어설프게 연주했던 플레이와 비교를 해보니, 기성 밴드들의 노래와 연주가 얼마나 훌륭하며, 그 합주가 나오기까지 얼마나 많은 훈련이 있었을지 상상이 됐다. 우리가 있는 폼 없는 폼 다 잡고 했던 스쿨밴드는 '어린 음악대' 수준이었던 것이다.

이후 조용필을 다시 떠올린 것은 군 복무 기간이었다. 대학 재학 중 1980년 8월, 강원도 전방 부대에 입대해서 이듬해 철책 근무를 설 때였다. 당시에는 DMZ를 사이에 두고 남북이 번갈아 서로를 향하여 밤새도록 선전 방송을 했는데, 난생처음 근무 초소에 올라가니 국군 병사들을 유혹하는 듯한 북한 방송이 나와, 잔뜩 긴장이 되었다. 북한 방송이 끝나자 우리 측 대북 방송이 시작되었는데 느닷없이 조용필의 〈고추잠자리〉가 흘러나왔다.

초소 안에서 총 들고 근무를 서면서 들으니 그리운 엄마 생각도 나고, 간만에 민간 유행곡이 들리니 너무 반가워서 눈물이 나올 지경이었다. 다른 병사들도 노래 가사를 절로 외워 흥얼거리며 따라 불렀다. 근무 기간을 마치고도 이 노래는 계속 귀에서 환청처럼 들렸다.

그렇게 마음 한구석에 우상처럼 자리 잡고 있던 슈퍼스타 조용필을 그로부터 10년 후 직접 만나 '용필이 형'이라고 부를 줄은…… 정말 꿈에도 몰랐다.

자존심 끝판왕
조용필

　　　　조용필은 '승부사'다. 자존심의 끝판왕이
다. 학창 시절부터 누구에게도 지려 하지 않았다. 요즘도 골프를 칠
때 처음엔 설렁설렁 하다가도 내기 골프를 시작하면 눈빛부터 달
라진다고 한다. 조용필이 큰 인기를 얻고 전국의 클럽 무대를 휩쓸
고 다니던 시절, 지방 건달들이 들이닥쳐 협박을 했을 때도 의연하
게 대처했던 이야기도 많이 알려져 있다. 어떤 클럽에 초대받아 밴
드와 함께 무대에 섰을 때는, 무대에 도낏자루가 날아왔어도 눈 하
나 깜짝 않고 노래와 연주를 계속했다는 전설 같은 비화도 있다. 인
간 조용필을 오늘날까지 이끈 동력은 '악으로 깡으로' 산전수전 공
중전까지 겪은 승부사 기질이 작용했을 것이다.

조용필은 어린 시절 동네에서 불량배들을 혼내준 이야기를 가끔 나에게 들려주었다. 옛날에는 남자아이들끼리 툭하면 주먹다짐하고 씨름하면서 힘의 서열이 정해졌는데, 조용필의 학창 시절도 예외는 아니었다. 체구가 별로 큰 편은 아니기에, 인터뷰 중에 어린 시절 이야기를 하다가 문득 물었다.

"용필이 형도 어릴 때 아이들과 주먹싸움 많이 하셨나요?"

한참 음악 이야기를 하던 중 뜬금없는 질문에 조용필은 눈을 지그시 감더니 과거를 회상했다.

"싸움은 선빵(먼저 때리는 것)이야."

그러면서 앉은 자리에서 일어나더니, 그 시절 그 장소로 돌아가 액션 배우처럼 격투기 자세를 취하며 이야기를 시작했다. 보통 싸움이 시작되면 서로를 노려보며 기 싸움부터 벌어지는데, 마음 약한 아이들은 상대방보다 힘이 세도 먼저 때리길 주저한다. 어설프게 공격했다가 인정사정 보지 않고 반격당하면 어쩌나 하는 두려움 때문이라는 것이다. 그래서 아이들 싸움에서는 '기술'보다는 '선빵'이 더욱 중요하다고 했다. 제대로 선빵을 먹이면, 대개는 그걸로 싸움 끝이라고 했다.

선빵을 칠 수 있는 용기는 많은 싸움 경험에서 나온다고 했다. 많이 맞아봐야 알 수 있다는 것이다. 나도 그런 경험이 많았다. 특히 중학교 신학기가 되면 아이들이 별 이유도 없이 '왜 쳐다보냐, 눈 깔아라' 하다가 투닥거리며, 영화 〈말죽거리 잔혹사〉에 나오듯이 '끝나고 옥상으로 와' 하는 장면이 매일 반복되는 것이다.

나는 점점 조용필의 어린 시절 무용담에 빠져들었다.

조용필은 1950년 3월 21일, 경기도 화성군 송산면 쌍정리에서 염전업 집안의 3남4녀 중 여섯째로 태어났다. 어린 시절 꿈은 군인이었는데, 동네 친구들과 딱지치기를 할 때면 그 딱지에 그려진 군인 계급이 어린 조용필의 눈에 너무 멋져 보였기 때문이다. 장차 용감한 군인이 되어 나쁜 놈들을 물리치고 나라를 지키겠다는 마음이었다. 화성군 송산중학교 2학년 때까지 조용필은 말수가 적은 우등생이었다. 음악과도 아무 관련이 없는 평범한 소년이었다. 그런데 가족들과 함께 서울 정릉으로 이사하면서, 환경이 급격하게 바뀌었다.

서울 경동중학교로 전학을 하게 됐는데, 동네 아이들의 텃세가 세다 보니, 하루하루가 전쟁이었다. 조용필은 살아남기 위해 싸움 훈련을 했다. 샌드백을 사다가 집 마당에 걸어놓고 매일 두들겨 팼다. 동네 합기도장에 나가서 열심히 수련도 했다. 어느 날 합기도 초단짜리 아이가 아무 이유 없이 시비를 걸어왔는데, 중국 무협 영화에 나오는 동작들을 보여주며 겁을 줬다. 그러나 어설픈 합기도가 막싸움에 강한 소년 조용필을 이기지 못했다. 이즈음 조용필은 일부러 군화를 구해 신고, 교복 단추 몇 개 풀고, 모자 삐딱하게 쓰고 다녔다. 강해 보이기 위해서였다.

소년 조용필이 살던 정릉 지역은 당시 큰길을 경계로 북쪽 동네를 속칭 '탁골승방', 남쪽 동네를 '본토'라고 불렀다. 동네에서 주먹 좀 쓰는 아이들 패거리 이름이었다. 조용필은 '본토'에 속했다. 조용필은 그때 키가 지금의 키라고 했다. 그 당시에는 작은 체구도 아니었던 것이다. 조용필의 악동 같은 생활은 한동안 계속되었지만 공부를 하지 않은 것은 아니었다. 불량한 기운으로 싸움하고 다녀도, 반에서 상위권을 늘 유지했다. 그 당시는 중고교도 입시가 있던 시절이었는데, 부모님이 그가 서울의 좋은 고등학교에 진학해서 명문대학 법대를 나와 판검사가 되기를 바라셨기 때문이다. 조용필이 그 무렵 음악을 만나지 않고, 진짜 법조계로 진출해 검사나 판사가 된 모습을 상상해본다.

조용필 인생의 첫 승부수

조용필이 음악과 처음 만난 기억은 중학교 3학년 여름방학 때였다. 경기도 화성시, 고향 마을 동네를 산책하고 있었는데 어디선가 나오는 음악방송이 귀에 들어왔다. 인기 DJ 최동욱의 〈3시의 다이얼〉이었다. 노래가 너무 좋아 알아보니, 레이 찰스의 〈I Can't Stop

Loving You〉와 니니 로소의 〈밤하늘의 트럼펫〉이었다. 기타에 관심을 갖게 된 것은 그 무렵 내한공연을 했던 사이키델릭 록밴드 벤처스 때문이었는데, 벤처스의 〈파이프 라인〉, 〈상하이 트위스트〉, 〈불독〉을 듣고 있노라면 기타로 쳐보지 않고는 견딜 수가 없었다. 마침 한양대 공대에 재학 중이던 둘째 형이 갖고 있던 통기타를 몰래 치며 놀았다.

조용필이 경동고등학교에 진학하면서, 부모님은 그가 열심히 공부해서 명문대 법과대학에 진학해 법관이 되기를 바랐다. 경동고등학교는 당시 경기고, 서울고, 경복고, 용산고와 함께 5대 명문 공립학교로, 중학교 70명 정원이던 한 반에서 1~2등 안에 들어야 갈 수 있는 학교였다. 조용필은 우수한 성적으로 명문고에 진학했을 정도니, 설령 음악의 길을 가지 않았으면 어떤 인생을 살고 있었을지도 궁금해진다.

막내아들 조용필을 향한 기대가 컸던 탓일까, 어느 날 아버지는 조용필이 애지중지하던 기타를 부숴버렸다. 조용필은 아버지에게 대들었다. "기타는 내 인생에 가장 소중한 물건입니다. 집을 나가 막노동이라도 해서 기타를 새로 사겠습니다." 그러고는 영어 수학 단과반 학원에 등록하라고 받은 돈으로 음악 학원에 등록했다. 화가 난 아버지는 매를 들었다. "어디서 아버지에게 대드느냐. 하라는 공부는 않고 음악에 미치더니, 버릇까지 나빠졌구나."

조용필은 이날 극단적 선택이라도 하듯, 다량의 신경안정제를 삼키고 응급실로 실려 가는 소동까지 벌였다. 그럼에도 완고한 아버지는 한 발짝도 양보하지 않았다. 조용필 역시 '검사 위에 도사, 도사 위에 악사'라는 당시 뮤지션들 사이에 떠돌던 유행어를 되뇌며 부모님이 반대해도, 누가 뭐라 해도 음악의 길을 걷겠다는 결심을 굳혔다. 결국 경동고등학교를 졸업하던 날, 음악학원에서 만난 친구들 4명과 가출을 결행했다. 모두 비슷한 처지의 친구들이었다. 그리고 '음악인으로 성공할 때까지 집으로 돌아가지 않겠다'라는 다짐을 했다. 조용필 인생에 첫 승부수를 던진 것이다.

해운대 1박 2일
007 작전

　　　　　　서울올림픽이 한창이던 1988년 9월 말, 내
낡은 승용차 포니2에 당대 최고 인기 가수 조용필이 타고 있었다.
김포공항으로 향하는 길, 초가을 더위에 에어컨도 잘 나오지 않아
연신 창문을 열었다 닫았다 하던 참이었다. 꿈만 같았던 조용필과
의 해운대 1박 2일 인터뷰가 시작되는 순간이었다.

　전날 〈조용필의 자전적 고백 수기 ― 나의 노래, 나의 사랑〉 신문
연재를 위해 조용필과 그의 자택에서 인터뷰를 나누고 있었다. 며
칠째 이어지던 인터뷰를 통해 한창 이야기가 무르익어가고 있을
무렵, 예기치 않게 그의 입에서 자연스레 '사랑'에 대한 이야기가
나오고 있었다. 기자로서 가장 궁금한 질문이었지만 지극히 예민
한 부분이었기에 그간 아끼고 또 아껴두었던 내용이 뜻밖에 본인

입으로 공개되는 순간이었다. 나는 내심 긴장해 숨까지 멈췄다.

갑자기 조용필이 눈을 지그시 감더니 말했다.

"아무래도 이 이야기는 도저히 집에서 못 하겠다. 우리 어디 멀리 바람 이나 쐬러 가서 인터뷰할까?"

나는 다급한 마음에 잔머리를 마구 굴렸다. 마침 그 무렵 친하게 지내던 호텔리어가 부산에 새로 오픈한 특급 호텔에 매니저로 이 직을 했으니 꼭 한번 놀러오라고 전화까지 왔던 것이 생각났고, 순 간 해운대가 떠올랐다. 푸른 바다를 바라보며 '용필이 형'이 좋아 하는 소주 한잔하면 딱일 것 같았다.

"용필이 형! 부산 해운대 어떠세요."

"어, 해운대 좋지. 그런데 사람들 눈을 어떻게 피할 수 있을까?"

풍광 좋은 데로 가는 것은 좋지만 소문이 나면 부산 쪽에 있는 신문 방송 관계자들과 팬들이 가만 놓아두지 않을 텐데, 과연 방해 받지 않고 조용하게 쉬면서 인터뷰가 가능하겠냐는 염려였다.

당시 조용필의 서초동 자택에는 아침부터 저녁까지 늘 열성 팬 들이 진을 치고 있었고, 심지어는 자주 집을 드나드는 홍성규 기자의 얼굴과 이름까지도 다 알고 있었다. 용필이 형이 기자와 함께 집을 나서는 순간, 전국에 퍼져 있는 팬클럽 회원들의 호기심이 집중될 것이고 순식간에 정보가 확산될 수도 있었다. 나는 다시 잔머리를 굴렸다. 일단 호텔을 예약하고, 김포공항에서 부산행 비행기를 타고, 공항에서 택시를 잡아 호텔까지 가는 여정이 나 혼자라면 너무 쉽지만, 슈퍼스타 조용필을 소문나지 않게 모시고 가는 길은 007 작전이 필요했다.

여기서 용필이 형이 아이디어를 냈다. 다음 날인 주말 오후에 일정을 마치고 전용 승용차를 자택 주차장에 입고한 뒤 매니저와 운전기사를 퇴근시키면, 일단 집 주변에 진을 친 팬들은 이틀 동안은 '용필 오빠'가 일정 없이 집에서 쉬겠다는 것으로 받아들이고 철수할 것이다. 그러면 비밀리에 내 승용차를 타고 김포공항까지 가자는 것이었다. 회사에 들어가 당장 연예부장에게 긴급 부산 출장 계획을 보고하니 무척 흥미로운 표정을 지으며 조심해서 잘 다녀오고, 특종 하나 꼭 물어오라고 했다.

그런데 갑자기 같은 부서 A 선배가 같이 가서 인터뷰를 도와주면 안 되겠느냐고 물었다. 평소 조용필과 친하게 지내던 선배였는데, 바다도 보고 싶고, 오랜만에 용필이 형도 만나고 싶다는 것이다. 나는 훨씬 부드러운 분위기가 될 것 같아 대환영이었고 용필이 형도 좋다고 했다. 바로 부산의 호텔 매니저에게 전화를 걸었다. 누구라고는 이야기하지 않고, 나를 포함해서 남자 2명, 여자 1명이 가는데 내일 1박 2일 스위트룸 한 개와 레귤러룸 두 개 예약이 가능하냐고 물었다. 그런데 호텔 매니저가 스위트룸에 들어가시는 분이 누구냐며 꼬치꼬치 묻는 것이었다. 계속 숨기다가 하는 수 없이 철저한 보안 유지를 전제로, 가수 조용필과 동행한다는 사실을 귀띔했다. 그러자 호텔 매니저는 "와! 정말이에요!" 환호성을 지르며, 아직 오픈도 안 한 최상층 프레지덴셜룸으로 예약을 하겠다고 했다. 그냥 조용히 인터뷰만 하다가 갈 것이니 너무 거창하게 하지 말라며 극구 사양했지만, 호텔 측에 영광이라면서 비밀을 절대 사수할 테니 부담 갖지 말고 편하게 쉬다 가시라고 했다. 보안 유지를 위해 조용필 기획사에도 말을 않고, 항공편도 내가 직접 예약을 했다.

그리고 다음 날, 용필이 형 집에 조용히 모인 세 남녀가 내 낡은 승용차를 함께 타고 김포공항으로 출발했다. 내가 초보 운전인 데다 용필이 형까지 태우고 가니 잔뜩 긴장해서 어찌나 어설프게 차를 몰았던지 용필이 형이 옆자리에서 "좌회전, 우회전, 차선 바꾸고……"하면서 운전 코치까지 해야 했다.

서울올림픽이 한창 진행 중이라 경비가 삼엄해서 공항으로 들어가는 게이트부터 경찰들이 다가와 검문을 했다. 뒤 트렁크를 열어 보이고, 자동차 밑바닥에 폭발물 탐지기까지 들이밀었다. 창문 좀 내려보라고 해서 창을 열었더니, 경찰이 말했다.

"조수석에 타신 분, 얼굴 좀 들어보세요."

선글라스를 끼고 모자까지 눌러쓴 용필이형이 얼굴을 살짝 들었다.

경찰은 "혹시 조용필 씨 아니냐"고 물었고 우리는 태연히 "닮았다는 이야기 좀 들으신다"고 했다. 경찰은 고개를 끄덕이며 우리 차를 통과시켰다. 그러면 그렇지 설마 조용필이 낡은 포니 승용차를 타고 가겠느냐는 표정이었다.

부산 김해공항에서 내려 택시를 타고 예약된 해운대 호텔로 찾아가니, 직원들 여러 명이 호텔 로비로 나와서 대대적으로 환영 인사를 했다. '아니 이 사람들 일을 너무 크게 벌이는 거 아니야!' 걱정이 됐다. 로비라운지에서 커피라도 한잔하고 올라가라는 직원들의 배려를 사양하며 곧바로 꼭대기 층 프레지덴셜룸으로 올라갔다. "이런 데서 잠이 오겠어요?" 처음 보는 룸 구조와 인테리어에 감탄만 나왔다.

시원한 오션 뷰의 넓은 거실에는 그랜드피아노가 한 대 놓여 있었다. 용필이 형의 눈길이 그리로 꽂히더니 냉큼 피아노 앞에 앉아 즉석 연주를 시작했다. 그러고는 재미있어죽겠다는 표정으로 익살맞게 웃었다.

"우리가 부산에 온 사실 아무도 모르겠지?"

그러나 그 평화로움은 10분도 안 되어 산산조각 났다. 룸의 전화통에 불이 나기 시작한 것이다. 벨이 계속 울렸다. 내가 받아 답을 하지 않고 가만히 듣고만 있자, "거기 조용필 씨 계시지요"라는 목소리가 들려왔다. 나는 어디냐고 묻지도 않고 그냥 전화를 끊어버렸다. 5분마다 한 번씩 전화가 울렸다. 모두 조용필을 찾는 전화였다. 나는 "그런 사람 없다. 잘못 거셨다" 하며 계속 끊기를 반복, 참다 못해 호텔 매니저에게 전화를 걸어 "우리가 이 방에 있는 걸 어떻게 알고 전화가 계속 오냐. 호텔 직원 중 누가 발설한 것 아니냐"며 따졌다. 호텔 매니저는 맹세코 외부에 말이 나간 적이 없다고 했다.

수십 통의 전화 가운데 "잘못 거셨습니다" 하며 끊어도 지치지 않고 계속 전화를 하는 사람이 하나 있었다. 진한 부산 사투리로 "용필이 거기 있는 거 다 안다. 지금 전화받는 당신은 대체 누구냐"며 오히려 나를 다그쳤다.

나는 참다가 받아쳤고, 그 사람은 아예 막말을 해댔다.

"그런 당신은 대체 누구신데요?"

"부산에서 나 모르면 간첩인데. 너 인마 용필이 로드매니저야 뭐야. 빨리 전화 안 바꾸냐?"

"당신 이름부터 대시죠."

나도 질 수 없었다. 그러자 그 사람이 말했다.

"나 B 부장이야!"

B 부장은 당시 부산 지역의 유명한 라디오 PD였다.

옆에서 통화하는 내용을 듣다 못한 조용필은 결국 전화를 바꿔 달라고 했다.

"놀러 온 게 아니라, 아무도 안 만나고 조용히 인터뷰만 하고 돌아가려고 취재 기자와 함께 왔습니다. 부장님께는 죄송하지만 나중에 다시 내려와서 꼭 다시 연락드리겠습니다."

무사히 전화를 끊은 줄 알았으나, 그분도 그냥 물러설 사람이 아니었다. 그로부터 30분도 안 되어서 갑자기 룸의 초인종이 울려 문을 여니 B 부장이 막무가내로 밀고 들어왔다.

나와 A 선배까지 함께 있는 것을 보고는 불같이 화를 냈다.

"부산에 오면 당연히 나한테 연락을 해야지. 그런 예의도 모르면서, 당신들은 연예기자도 아니다!"

조용필은 "사정이 그렇게 되었으니 이번에는 좀 봐달라"고 그분을 달랬지만 젊은 혈기의 나는 더 이상 참을 수가 없었다.

> "우리도 일하러 온 겁니다. 당신이 누구건, 알고 싶지도 않고, 인터뷰만
>
> 하고 가면 그뿐인데 이건 업무방해 아니에요? 인사만 나누고 이 방에서
>
> 빨리 나가세요!"

욕설까지 튀어 나올 정도로 분위기가 험악해지자 B 부장과 안면
이 있었던 A 선배가 싸움을 말렸다. 조용필도 민망한 표정을 지으
며 어쩔 줄 몰라 했다.
B 부장은 한발 물러서며 말했다.

> "좋아. 일단 내가 양보하지. 어차피 저녁은 먹어야 할 거 아니야. 밑에
>
> 내려가서 딱 한잔만 하고 헤어지자."

우리 일행은 어쩔 수 없이 그분을 따라나섰다. 고급 철판 요릿집
에 자리를 잡고 술자리가 시작됐다. 인터뷰를 위해 술을 자제하려
던 내게 그분은 자꾸만 시비를 걸었다.

> "술 먹을 줄 모르나. 니는 사내도 아니다."

조용필과 A 선배도 계속 술을 권했다. 내심 주량에 자신이 있었

던 나는 '에라 모르겠다' 무장을 해제하고 B 부장에게 선뜻 잔을 내
밀었다.

"그래 홍 기자. 오늘은 그냥 한잔 먹자. 인터뷰는 서울 올라가서 하고.
오늘만 날이야?"
"좋습니다, 부장님. 오늘 술 먹고 죽지요, 뭐. 한잔 주세요."

따라준 술을 한입에 다 털어 넣고 곧바로 그분에게 술잔을 건넸
다. 마치 음주 배틀을 하듯 연신 술잔이 오가자, 언제 그랬냐는 듯
분위기가 한결 부드러워졌다. 그분도 예의를 갖추며 술을 따라주
었다.

"지금 보니 홍 기자님 '싸나이'네. 아까는 열심히 일하는 기자인 줄 모르
고 결례를 했어."

나도 사과했다.

"저보다 훨씬 연배도 많으시고, 막강한 분인 줄 모르고 버릇없이 굴어서
죄송합니다."

살벌하던 술자리는 어느덧 화기애애해졌지만 이제는 오히려 조

용필과 A 선배 두 사람이 다 녹초가 되어 있었다. 아침부터 007 작전으로 생긴 피로감이 긴장이 풀리자 일시에 몰려온 듯했다. 조용필은 "그만 마시고 쉬고 싶으니 내일 또 봅시다"라고 했다.

그러나 B 부장은 발동이 걸린 듯 이번에는 나를 붙잡았다.

"홍 기자, 그럼 우리끼리 2차 가자. 근처에 기가 막힌 술집이 있는데 내가 모시고 갈게. 홍 기자 좋아하는 특종거리도 많다. 둘이서 코 삐뚤어질 때까지 마시자."

그분과 끝까지 가볼까 하는 마음도 약간 있었지만 정중하게 사양한 뒤 간신히 그분을 택시 태워 보내드리고 호텔로 돌아와 "잘 쉬라"며 각자의 방으로 들어갔다. 누우면 금방 잠이 들 것 같았는데, 파도 소리와 멋진 야경을 두고서 잠이 잘 오질 않았다. 한두 시간쯤 침대에서 뒤척이고 있는데, 갑자기 전화벨이 울렸다. 호텔 매니저였다.

"저녁은 잘 드셨는지 궁금해서 전화드렸어요. 아직 이른 시간인데 벌써 주무시는 것은 아니지요? 해운대까지 오셨는데 싱싱한 회에 한잔하셔야 될 거 아니에요. 바닷가 횟집 중 잘 아는 곳이 있는데 꼭 모시고 가고 싶어서요."

조용필과 A 선배의 룸에 전화를 하니, 잠시 쉬고 나니 컨디션이 회복되었다며 흔쾌히 좋다고 했다. 우리 일행은 달맞이 고개를 넘어 청사포 해변으로 갔다. 유명 횟집이었는데 이날따라 한적했다. 처음에는 실내에서 먹다가 해변에 깔아놓은 평상으로 자리를 옮겼다. 휘영청 떠 있는 달과 철썩이는 파도 소리와 함께 본격적인 술자리가 시작되고 있었다.

조용필은 술자리에서 흥이 오르면, 가만 앉아 있지를 못하고 일어서서 액션을 취하면서 무용담을 이야기하는 스타일이다. 이때가 조용필 나이 불과 38세. 어린 시절 기타 하나 들고 가출해서 미군 부대 기지촌에서 무명 밴드로 방황하던 지난날, 지방에 갔다가 밤 무대에서 건달들을 만났으나 의연하게 대처한 이야기 등을 들려주었다. 체구는 왜소하지만 어디 가서도 절대 기에 눌리지 않았던 비결(선빵)을 얘기할 때는 주먹을 쥐고 휘두르는 자세를 취해 보이기도 했다.

노래는 '나 이렇게 노래 잘해' 하면서 잘난 척하는 게 아니라, 듣는 이들과 대화하듯, 음식처럼 '맛있게' 부르는 것이라며 조용필표 감성의 비결을 말하기도 했다. 콘서트장에서 가끔은 무기력증이 생겨서, 화장실에서 고래고래 소리를 지르며 이겨냈다는 뒷이야기도 고백했다. 깊은 한숨을 쉬며 "과연 내가 언제까지 무대에 설 수 있을 것 같냐"고 연약한 구석을 털어놓기도 했다. 이날 이곳에서, 그는 슈퍼스타 조용필이라기보다는 그냥 한 명의 보통 사람이었다.

조용필의 결론은 오직 음악이었다. 포기하고 싶었던 매순간 자신을 이겨낸 것은 오로지 음악이라고 했다. 나는 이 와중에도 조용필의 연애사를 끌어내려고 은근슬쩍 유도했지만, 돌아오는 이야기는 없었다.

"네가 뭘 궁금해하는지는 알겠는데, 이젠 어떤 여성을 다시 만나더라도 자신이 없다. 왜냐하면 음악보다 사랑을 중요시할 수 없을 것 같다. 그래서 너무 미안할 것 같다."

이렇게 보낸 조용필과의 1박 2일은, 그 이후 어떤 인터뷰에도 비할 수 없을 만큼 가슴에서 우러나오는 진정한 인터뷰였다. 20년 연예기자 생활 중 가장 기억에 남는 일을 꼽으라면 단연 조용필과의 1박2일 '밀행 인터뷰'다. 초저녁부터 그다음 날 새벽 동이 틀 때까지 부산 해운대 청사포 모래사장에서 술을 마시며 나누었던 깊은 인생 이야기들이 아직도 나에게는 생생한 기억으로 남아 있다.

그런데 진짜 황당한 사건은 우리가 서울로 올라오고 나서 며칠 후에 터졌다. 부산 지역 연예 주간지에 "조용필, 묘령의 여기자와 단둘이 1박 2일"이라는 가짜 뉴스가 실린 것이다. 이 기사에 따르면 시종 자리를 함께했던 나, 호텔 매니저, B 부장은 투명인간이었다. 기사 내용 중 우리의 존재는 전혀 없었다. 더군다나 그 기자는

A 선배가 평소 알고 지내던 선배 연예기자였단다. 화가 나서 그 기사를 쓴 기자에게 항의를 하니 돌아오는 말이 더 기가 막혔다.

"부산 온 사실 다 알고 있는데, 아무리 전화해도 받지 않아서 무시당한 기분에 과장 기사를 썼다."

당시에는 연예인이란 직업은 소설처럼 쓰는 '가짜 뉴스'를 통해서도 재미를 주면 된 것 아니냐는 궤변이 있었다. 차 한잔 마신 일이 술 마신 걸로, 술 마신 사실이 열애나 결혼으로 둔갑하는 추측성 스캔들 기사가 많았다. 조용필은 이 말도 안 되는 스캔들 기사 역시 허허 웃어넘겼다.

음악 다음으로
사랑한⋯⋯ 술

그가 음악 다음으로 사랑한 것은 바로 술 아니었을까? 청장년 시절, 조용필에게 술은 아주 특별한 존재였다. 작은 체구에도 거구의 운동선수 이상으로 잘 마시다 보니 주변에서 걱정하는 사람도 많았다. '술에는 장사 없다. 할 일이 태산인데, 그렇게 술 마시고 다음 날 어떻게 일을 보느냐. 좀 적당히 마시라'고들 했다. 그럼에도 조용필은 한번 술을 마시기 시작하면 끝을 보았다. 술자리에서 먼저 일어나는 일은 절대 없었다. 우려대로 그다음 날 할 일을 못 한 적은 단 한 번도 없었다.

조용필을 수행하던 매니저나 위대한 탄생 밴드 멤버들도 전날 술을 쏟아붓던 '용필이 형'이 다음 날 아침 아무 일도 없었다는 듯 멀쩡한 얼굴로 나타나는 모습에 놀라곤 했다. 몇 차례 과로로 쓰러져 병원 신세를 진 적이 있긴 하지만, 조용필은 결코 술 때문이라고는 말하지 않았다. 술이 몸을 조금 더 피곤하게 할 수는 있지만, 심적으로는 오히려 술을 마시는 과정에서 피로가 회복된다고 믿었던 것이다. 게다가 술을 마시다 필름이 끊긴다든지 상대에게 실수한다든지 하는 일도 없었다.

이렇게 '연예계 대표 주당'이라는 말을 들었던 조용필은 2000년대 초반부터 술을 거의 하지 않게 되었다. 이제는 한두 달에 한 번씩 마시는 정도라고 한다. 공연과 음반 작업에 더욱 집중을 하다 보니, 의식적으로 술은 자제한다. 그래서 소주나 양주 같은 독주보다는 맥주를 한 잔씩 하는 정도고, 담배도 10년 전에 끊은 것으로 알려져 있다.

그러니 나는 조용필의 술의 역사를 처음부터 끝까지 지켜본 셈이다. 부산 해운대 바닷가 모래사장에서 밤새워 두주불사로 술을 마셨건만 그다음 날 새벽같이 일어나 혼자 서울로 올라갔던 기억이 생생한데, 마지막으로 용필이 형 집에서 술잔을 나눴던 2000년대 초반에는 저녁 식사 때 반주 한잔 정도였으니 말이다.

조용필은 기본적으로 간 건강을 타고났다. 건강 체질이라 그런지 술과 잘 맞았고, 술을 통해 친구들도 많이 생겼다. 미8군 기지촌 클럽을 전전하던 무명 밴드 시절, 수많은 고초를 겪으며 지친 마음을 달랠 때 동료들과 나누는 한 잔 술이 큰 위로가 되었다. 축구 선수 이회택과도 술자리에서 소개받고 술로 친해졌다고 해도 과언이 아니다. 코미디언 이주일과 만나기만 하면 '형님 동생' 하면서 어마어마한 술로 밤을 지새웠던 일은 아주 유명하다.

조용필은 부산 해운대와 인연이 깊은데, 고 이주일 선생과 해운대에서 박스째 소주를 갖다 놓고 먹다가 나란히 누워 잠이 들었는데, 아침에 모래사장에서 이들을 발견한 사람들이 시체인 줄 착각하고 소동이 일었다는 이야기도 있을 정도였다. 물론 이 일화는 인터뷰 당시 직접 물어봤더니 사실이 아니라고 밝힌 바 있지만.

초조함을 달래기 위해서, 밤새 무대에서 노래하고 내려온 뒤 마시는 술은 빼놓을 수 없다. 매일 만나야 했던 방송 관계자들과 자연스럽게 교제를 넓힐 수 있는 통로로도 훌륭했다. 조용필이 정상을 향하여 고독하게 달려갈 때 술은 훌륭한 수단이요, 좋은 친구였다.

하지만 술을 마시고 무대에 올라간 적은 없다. 가끔 긴장을 풀기 위해 술을 마시고 공연하는 가수들도 있는데, 음정이 떨어질 수도 있고 무리한 발성으로 성대 결절의 원인이 될 수도 있다. 다만 딱 한 번, 광주에 공연을 갔다가 지역민들이 한 잔 두 잔 따라주는 술을 받아마시고 만취한 적이 있었다. 어쩔 수 없이 술을 마시고 무대에 올라갈 수밖에 없었는데, 혀가 꼬부라질 정도여서 노래가 제대로 될 리 없었다. 무척이나 당혹스러운 상황이었다.

"아따, 광주 인심이 너무 좋아 취해버렸응께 좀 봐주쇼잉."

사투리로 양해를 구하고 노래를 계속하자, 관객들은 더욱 환호했다.

그 이후로도 술을 마시고 무대에 올라가는 일을 극도로 자제했다. 프로의 자세였다.

조용필은 밤에 혼자 앉아 브랜디를 조금씩 마시며 음악에 대한 구상을 했다. 언제부턴가 그러한 음악 작업이 일상이 되었다. 음악 작업을 일로 생각하면 스트레스지만, 이처럼 약간의 술을 걸치며 이 생각 저 생각 하다가 문득 떠오르는 악상을 오선지에 옮기는 작업은 더 이상 일이 아니라 취미 활동처럼 되었다. 즐기는 자가 노력하는 자를 이긴다고 했던가. 새로운 앨범을 준비할 때는 브랜디가 필수품이 되었고, 그렇게 만들어진 곡들 상당수가 히트곡이 되었다. 그렇게 술자리에서 나온 노래 중 하나가 〈한강〉이라는 노래다. 한강이 개발된다는 이야기가 화제가 되었고, 그렇다면 옛 한강의 추억이 사라지는 것 아니냐는 생각이 들어 그날 밤 음악 작업에 들어갔다.

1988년 조용필 10집의 〈서울 1987년〉도 술자리에서 6·10 항쟁의 민주화 열기와 아픈 상처들에 대한 열변을 토하다가 악상이 떠오른 곡이다. '비야 비야 멈추어다오' 외치는 이 곡은 앨범 타이틀곡인 〈서울 서울 서울〉과 확연히 비교되는 사회 정서를 느낄 수 있다.

조용필은 별세한 김지하 시인과도 술로 교제를 나누었다. 김지하 시인은 1980년대 긴급조치와 계엄법 위반으로 복역하다 형 집행 정지로 출감했을 때 지인의 소개로 처음 만났다. 김지하 시인은 감옥에서 우연히 쥐구멍으로 나오는 조용필의 노래를 들었는데, 판소리처럼 한풀이를 하듯 질러대는 목소리가 너무 좋아 꼭 한번 만나보고 싶었다고 했다. 김지하 시인과 만나면 사상이나 철학이나 정치적 이슈를 나누었을 것 같지만 전혀 그렇지는 않았다. 할 말은 많았지만 극도로 절제하기 위함이었던 것 같다. 사람 살아가는 이야기가 주를 이뤘고, 거기에 술 이야기가 따라 나오곤 했다.

김지하 시인이 강원도 원주에 기거하고 있을 때, 술병을 들고 가끔 찾아가면 항상 하얀 모시옷을 입고 화선지를 깔고 난초를 그리고 있었다. 술 한 잔 걸치기 시작하면 '우리들은 어떤 면에서 광대들이다. 겉모습과 하는 일은 다르지만, 바닥에 도도히 흐르는 감성은 같다'고 했다. 조용필은 김지하 시인과 함께 판소리를 기반으로 한 노래를 만들려고 시도한 적이 있었는데, 건강 상태로 포기해 아직도 진한 아쉬움으로 남아 있다.

어린 시절 술에 대한 기억

조용필의 아버지는 술을 잘하진 못했지만, 명절이나 오랜 친구들이 찾아올 때면 어머니가 술상을 푸짐하게 차려 내놓아 여러 잔을 나누곤 했다. 어린 조용필은 맛있는 안주들이 탐이 나 밥상머리에 붙어 앉아 있었는데, 그때마다 아버지 친구들이 장난으로 술잔을 건네줘 받아먹곤 했다. 곁에 있던 어머니는 '애들한테 웬 술이냐'며 눈을 흘겼지만, 아버지는 '남자는 술을 마실 줄 알아야 큰일을 한다'며 그를 그냥 놓아두었다.

아버지는 친구들과 술잔을 주고받다가 흥이 오르면 〈바우고개〉라는 동요를 즐겨 불렀다. 잠결에 아버지 노래가 귓전에 들리고, 친구분들도 갈 채비를 하면서 '이놈 술 잘 먹는 걸 보니, 커서 잘될 거야'하며 조용필의 머리를 쓰다듬곤 했다. 아마도 아버지와 친구들의 술자리가 어린 조용필의 가슴에 오래도록 긍정적으로 남았던 것 같다.

조용필이 본격적으로 술을 마신 것은 고등학교 졸업 날, 가출을 해서 기지촌 무명 밴드로 떠돌아다닐 때였다. 여기저기서 온갖 수모를 당할 때, 음악 하는 친구들과 나눠 마시던 소주 한 잔은 괴로움을 잊기 위한 유일한 수단이었다. 조금씩 인기를 얻어 '김 트리오'로 활동하던 1971년 여름, 팀 동료였던 김대환, 이남이 등과 함께 부산 해운대 백사장에서 소주를 마시던 일은 지금도 뇌리에 남아 있다. 이 두 사람은 지금은 모두 고인이 되어 더욱 아련한 추억이다. 조용필은 이때 혼자서 마신 술이 소주 12병이었다고 기억한다. 그 자리에 모인 사람들이 다 마신 양으로 치면 족히 30~40병은 될 것이다.

리더였던 김대환은 원래 드러머였지만 당시에는 자리에서 물러나 매니저 역할을 하고 있었고, 새로운 드러머를 영입해 새 출발을 다짐하는 자리였다. 해가 지는 바다에서 술자리를 시작, 아침에 떠오르는 해를 볼 때까지 마시며 몇 번을 어깨동무하고 희망찬 내일을 기약했는지 모른다. 밤새 자지 않고 끊임없이 떠들고 노래하고 대화를 나누다 보니, 술이 다 깨서 아침에도 정신이 말짱했다. 그날 저녁 일하는 데까지 아무 지장이 없었는데 잠 한숨 자지 않고도 강철 부대처럼 일하는 조용필의 모습에 모두가 놀랐다.

조용필이 소주 됫병을 입도 떼지 않고 한번에 다 마신다, 앉은 자리에서 소주 한 짝을 다 마셔버렸다 하는 소문도 있었다. 조용필은 이 소문을 부인하면서 실제 주량은 소주 다섯 병이라고 털어놓았다. 술자리 분위기에 잘 어울리고 끝까지 술자리를 지키는 것을 지켜본 사람들이 마지막에 남아 있는 빈 술병을 보고 퍼뜨린 말이 주당으로 과장된 것이었다.

서울 반포 아파트 인근 '진주집'은 조용필과 잘 어울리던 연예계 동료들로 인해 유명해진 소주집이다. 우연히 들렀다가 집도 가깝고 해물 안주도 푸짐하고 맛있어 단골이 된 가게다. 나중에는 연예 관계자들 사이에서는 '한신 포차'라는 은어로 통했다. 조용필은 이곳에서 '연예계 주당 클럽'과 자주 만났는데, 그곳에 오는 일반 손님들마다 반갑다며 술을 한 잔씩 권하는 바람에 즐거운 비명을 질렀다.

술이라면 마다하지 않는 조용필이지만, 오붓하게 대화를 나누던 분위기가 수시로 깨지곤 했으니, 정중하게 사양하면 '지금 내 성의를 무시하는 거냐' 하고 시비를 거는 취객도 종종 있었다. 결국 '조용필과 한신 포차 주당 클럽'은 주점 빈 공간에 칸막이를 세우고 스티로폼을 깔아 아늑한 공간을 마련했다. 주점 사장님은 이 공간에는 조용필 일행 외에 다른 손님은 받지 않는 특별 배려를 해줬다. 물론 나중에는 한신 포차가 연예계의 명소가 되면서 더 많은 연예계 손님들이 몰려왔고, 결국 조용필과 주당 클럽은 다른 아지트로 옮길 수밖에 없었다.

/ 홍성규의 그때 그 시절 /

'연예계 르네상스'로 불리던 8090시대에는 연예계는 물론, 모든 사회 분야에서 술로 교제하는 문화가 대세였다. 기업의 영업부에서도 일을 하려면 소주 3병 이상 주량이 필수였다. 필자가 근무하던 신문사도 마감이 끝나는 초저녁이면 하루 종일 받은 스트레스를 '석양주'로 풀었다.

관계자들과의 친분을 쌓고, 좋은 정보를 얻기 위해서도 늘 술자리가 필요했다 보니 특히 그 시절 신문기자들은 다른 분야보다 술을 더 많이 마시고, 스트레스가 많아 평균 수명이 52세라는 설도 돌았다.

조용필의
마음속 깊은 효성

　　1990년 5월 27일, 잠실 실내체육관 콘서트에서 조용필은 객석에 초대한 어머니를 바라보며, 〈허공〉을 노래했다. 어머니가 가장 좋아하는 노래라고 소개하자 관객들이 더욱 뜨겁게 환호했다. 어머니는 손녀딸 수지를 대동하고 흐뭇하게 아들을 바라보았다. 특별 코너로 무대 위로 모셔서 인터뷰를 나눌 때는 18세 소녀처럼 수줍어하며 웃기만 했다. 어머니는 말년에 아들 공연 관람을 가장 큰 낙으로 여겼다. 그러나 안타깝게도 이 무대가 어머니가 마지막으로 지켜본 공연이 될 줄은 몰랐다. 어머니는 그 이듬해 향년 81세로 황망하게 돌아가셨다.

　　조용필이 가족들의 반대를 무릅쓰고 가출까지 감행하며 미8군 무대 무명 밴드로 활동하던 시절에도 어머니는 '밥은 먹고 다니는

지, 잠은 어디서 자는지'늘 걱정하며, 막내아들이 잘되기만을 빌었다. 인기가 치솟고 형편이 좋아져서 한 집에 어머니를 모실 수 있게 되자 조용필은 아침에 나갈 때와 들어올 때마다 빠짐없이 "어머니 잘 다녀오겠습니다" 하고 인사를 했다. 어머니는 아들의 손을 잡고, "조심하고, 힘내라"라고 격려했다. 아들이 해외로 나갈 때는 눈물까지 글썽이며, 더욱 손을 꼭 잡았다. 그때마다 조용필은 이제부턴 정말 어머니 잘 모셔야겠다고 속으로 다짐했다.

1980년대 초, 일이 바빠지고 본격적으로 일본 활동에 들어간 이후에는 어머니를 자주 뵐 수 없었지만, 하루에 한 번씩은 꼭 전화로 안부를 물었다. 조용필은 어머니가 돌아가시던 1991년에도 일본에 있어서 임종을 지키지 못했다. 당시 조용필을 바로 옆에서 지켜보던 매니저 맹정호는 그날을 이렇게 기억한다.

"일본에서 한창 정신없이 스케줄을 보내던 날, 저녁 공연이 끝나고 호텔로 돌아와 어머니의 별세 소식을 전해 들었습니다. 용필이 형이 그렇게 슬피 우는 모습은 처음 보았습니다. 고생만 하시고, 이제야 마음 편하게 호강시켜드리나 보다 했는데, 벌써 가시면 어떻게 하느냐, 나는 불효자라면서 엉엉 우시는 모습에 같이 울었습니다."

전통적인 가부장적 아버지

조용필은 3남4녀 중 여섯째로 막내아들이다. 아버지는 4대 독자로 염전업과 자동차부품을 만드는 공장을 경영하던 할아버지의 재산을 물려받은 데다, 당대에도 사업을 성공적으로 확장해, 화성에서 가장 큰 정미소까지 인수하며 번창했다.

아버지는 전형적인 가부장적 한국 아버지상이었다. 아들들은 남자답게 잘 커서 사업을 하고, 딸들은 조신하게 자라 좋은 집안에 시집만 잘 가면 된다는 생각이었던 것 같다. 아버지는 자식들이 집안의 가업을 물려받거나, 관재계로 나가길 원했다. 조용필의 큰형, 작은형은 모두 명문 한양대 상대와 공대로 진학해 사업의 길을 걸으며 아버지의 뜻을 따랐다. 아버지는 막내인 조용필 역시 공부 열심히 해서, 의사나 법관이 되길 바랐다. 조용필도 어린 시절에는 착실하게 공부를 잘하는 편이었다. 당시 서울의 5대 공립고 중 하나였던 경동고등학교에 진학할 때까지만 해도 아버지의 뜻에 부응하는 듯했다.

그러나 조용필은 알고 보면 고향인 화성에서 자라던 시절부터 아버지와 조금씩 틈이 벌어지고 있었다. 아버지는 늘 큰형을 데리고 나가 사냥을 즐겼는데, 막내도 함께 데리고 가서 터프함을 키워주고 싶어 했다. 하지만 조용필에게는 총에 맞아 피를 흘리는 동물들이 너무 애처로워 보였다. 이 핑계 저 핑계 대며 아버지를 따라나서지 않는 일이 많았다. 그 무렵 이미 마음속으로는 음악을 동경하는 감성이 새록새록 자라고 있었기 때문이다. 사냥 나갔다 돌아오던 아버지는 방구석에서 하모니카 불고, 통기타 끼고 앉아 있는 막내 아들의 모습을 못마땅해했다. 고등학교 때는 아버지가 기타까지 부숴버리며 화를 내는 지경까지 이르렀다.

결국 고등학교 졸업식 날 대책 없이 가출하고, 미8군 기지촌 클럽에서 무명 밴드로 전전했으니, 당시 아버지는 조용필이 집안의 골칫거리를 넘어서서, 아예 '내놓은 자식'이라는 생각을 하기에 충분했다. 가출 후 부모님과 재회한 것은 5년 만이었다. 미8군 클럽 무명 밴드로 일하면서 온갖 고생을 다하다가, 군 복무를 위해 고향 화성으로 내려갔을 때였다. 아버지는 그때까지도 화가 안 풀려 있었다. 하지만 빡빡 깎은 머리로 큰절을 올리는 아들을 보고, 차마 야단은 못 치고 한숨만 쉬었다. 옆에 선 어머니는 눈물만 흘렸다.

아버지는 그 무렵 "아들 하나 없는 셈 치겠다"고 역정을 내면서도, 어머니에게는 따로 "용필이에게 너무한 건 아닌가" 하며 자책을 했다고 한다. 아버지는 조용필의 이름이 알려지고 인기를 얻기 전까지 끊임없이 "지금이라도 늦지 않았으니, 제자리로 돌아와라. 음악 말고 다른 길이 얼마든지 있다"며 집요하게 설득을 했다. 그러나 조용필의 제자리는 결국 가수였으며, 그 가시밭길을 따라 오늘날 가왕의 자리에 오른 것이다.

조용필이 가수가 된 후 아버지에게 처음 칭찬을 들은 것은 미국 카네기홀 공연을 성공적으로 마치고 가족들과 만난 자리에서였다. 아버지는 그제서야 환한 얼굴로 "고생했다"면서 어깨를 두드려주었다. 어머니와 형제들 누이들 모두 그리도 완고하던 아버지의 얼굴이 활짝 펴지는 모습에 감격의 눈물을 흘렸다. 이때부터 아들에 대한 아버지의 바람도 달라졌다. 힘들 때마다 어떻게 알았는지 짧고 굵은 격려를 해주었다.

"어떤 일이 닥쳐도 남자답게 대범하게 행동해라."

1970년대 말부터는 조용필이 부모님을 모시기 시작했는데, 아버지는 음악을 잘 몰랐지만 조용필의 노래를 들어보려고 무척 애를 썼다. 공연을 한다고 하면 자리를 만들어달라고 먼저 청하기도 했다. 〈한오백년〉은 아버지가 유일하게 따라 부르던 애창곡이었다. 아버지는 돌아가시기 1년 전부터 마치 예감이나 한 듯, 큰형과 같이 묏자리를 보러 다니더니, "이 자리에 묻어 달라" 하고 고향인 경기도 화성군 쌍정리에 가족묘 터를 마련했다. 그리고 1986년 노환으로 세상을 떠났다.

조용필은 철없던 시절, 음악을 반대하던 아버지가 너무 미웠다. 하지만 이제 나이를 먹고 거친 세상 속에서 돌이켜보면, 아버지의 마음을 다 이해할 수 있게 되었다. 겉으로는 화를 내고 야단을 쳤지만, 오직 자식 잘되기만 바라는 마음에서 비롯되었음을 이제 깨달은 것이다. 오히려 아버지 반대가 강력한 자극제가 되고, 성공을 향한 에너지가 되었다는 생각이다.

전통적인 한국의 여인상 어머니

어머니는 아버지가 돌아가시고, 누구보다도 슬퍼했다. 19세의 나이에 조 씨 집안으로 시집 와서, 60년이라는 세월을 아버지만 바라보고 살았던 터라 충격이 컸다. 한동안 식음을 전폐하고, 먼 산만 바라보았고, 몇 년 동안은 아버지 이야기만 나오면 금새 눈시울을 붉혔다. 너무 우시다 보니, 같이 사는 식구들은 어머니 앞에서 절대 아버지 이야기가 나오지 않도록 조심을 거듭했다.

아버지가 전통적인 가부장적 아버지상이었다면, 어머니는 조용히 집안일만 하며 아버지 사업에는 일체 아는 척도 하지 않고, 자식들의 진로에 대해서도 건강 문제 외에는 전혀 의견을 내지 않고, 그저 아버지의 의사에 따랐다. 집안에서 조용히 지낸 것과는 달리 동네 사람들에게는 인심 좋기로 소문이 났는데, 먹고살기 어려운 사람들이 있으면 식사 대접을 하고 먹을 것을 싸서 챙기기도 했다. 아무런 의도도 없이 그저 어려운 사람들을 보면 가만히 못 있는 성격이었다. 조용필은 어머니의 이런 모습 때문인 듯 음악은 진보적이지만 가정에 대해서는 지극히 보수적이랄까, 이상적인 여성관을 물으면 어머니를 연상시키는 현모양처형 여성을 말하곤 했다.

한번은 50대 아주머니 한 분이 조용필이 자신이 6·25 때 잃어버린 큰아들이라며 찾아온 일이 있었는데, 어릴 적 찍은 사진을 보여주며 눈물까지 흘렸다. 사연인즉슨, 끼니를 잇지 못할 정도로 생활이 어려운 나머지, 아이의 아버지가 아내에게 말도 않고 몰래 파출소 현관문에 갓난아기를 놓아두고 왔다는 것이었다. 아기 엄마는 남편에게 화를 내며 파출소로 달려가보았으나, 아이는 어디론지 사라져버린 후였다. 뒤늦게 잃어버린 아기를 찾기 위해 백방으로 알아보고 다녔으나 무심한 세월만 흘러갔다고 했다.

그런데 조용필이 유명해지면서, 아기 때 사진을 본 주변 사람들에게 "잃어버린 아들이 조용필 얼굴과 많이 닮았다"는 이야기를 자주 들었다고 한다. 이 이야기가 계속 퍼져나가면서 실제로 '조용필의 생모가 나타났다'는 흥미성 기사들까지 나왔다. 평소 나서는 일 없이 말수가 적은 어머니였지만, 이때만큼은 막내아들에게 "실패에서 실이 한없이 풀려나가는 꿈을 꾸었다"는 태몽과 함께, 출생 당시 상황에 대해 자세하게 알려주며 단호한 모습을 보였다.

작은형과의 어린 시절 추억

조영일 회장은 조용필의 바로 위 작은형으로 7살 터울이다. 어린 시절 한 방을 쓰며 자라 미운 정 고운 정 다 들고, 서로를 속속들이 다 아는 형 동생이다. 조용필이 음악을 시작하게 된 계기도 영일이 형이었다. 사실 기타는 작은형이 먼저였다. 어디서 구했는지 중고 통기타 한 대를 사다 놓고는 동생 앞에서 뚱땅거리다가, 나가면서 기타에 손대지 말라고 주의를 줬다. 그러나 이미 가슴속에서 자라나고 있었던 조용필의 음악성이 기타를 눈앞에 두고 가만있을 리가 없었다. 호시탐탐 기타를 노리다가 영일이 형이 방에서 나가

기만 하면 기타를 쳤다. 어떤 때는 몰래 기타를 치며 노래를 흥얼거리다가 형이 들어오는 줄도 몰랐다. 형은 화를 내면서 머리를 쥐어박으며 기타를 빼앗곤 했다. 당시 아버지가 기타 치는 것을 못마땅하게 생각하던 집안 분위기이다 보니, 형은 더욱 동생이 기타에 손대는 것을 막았던 것 같다.

영일이 형은 조용필이 가출해서 미8군 기지촌을 전전하던 당시 명문 한양대 공과대학에 다니고 있었다. 이때 형이 가족과의 유일한 연결고리였다. 조용필이 어디로 거처를 옮기건 찾아와서 아버지 심기를 전하며 '지금이라도 늦지 않았으니 집으로 돌아가자'고 설득했다. 조용필 가출 2년 차, 영일이 형은 놀랍게도 신문 광고를 보고 동생을 찾아왔다. '파이브 핑거스'라는 이름으로 킹 클럽이라는 업소에 출연 중이었는데, 조용필 본인도 모르게 신문광고가 나간 것이었다. 당시에는 출연 가수들 얼굴을 박은 신문광고가 심심치 않게 실렸다. 집안에서는 저러다 말겠지 설마설마했는데, 결국 딴따라판에 본격적으로 나선 걸 알게 된 것이었다.

당시 나이트클럽으로 불리던 야간업소는 청소년 출입 금지이며, 보통 사람들은 가지 않는 퇴폐적인 장소로 낙인이 찍혀 있었으니, 완고한 아버지는 막내아들이 집안 망신 다 시킨다고 오해하기에 충분했을 것이다. 영일이 형은 조용필을 찾아가 말했다.

"이 정도면 네 원만큼 다 해본 것 아니냐. 실망이다. 고작 술집 밤무대에서 노래 부르는 게 너의 꿈이었느냐. 부모님 걱정하는 모습 더 이상 보기가 힘들다. 한 번만이라도 부모님 원하는 대로 해보자. 너는 머리가 좋아 지금이라도 공부를 시작하면 될 거다. 그렇게 하고도 결과가 좋지 않으면, 그때는 네 뜻대로 하거라.”

조용필은 끊임없이 설득하는 형의 정성을 더 이기기 힘들었다. 그렇다고 집으로 돌아가 부모님 얼굴을 다시 뵙는 것도 민망했다. 그래서 결혼해 서울 역촌동에 살고 있던 작은누이의 집에 가서 재수를 하기로 했다. 뭐라도 이룬 후 아버지 앞에 나서고 싶었던 것이다. 그러나 재수 생활은 두 달이 가지 못하고 끝나고 만다. 영어 수학 책을 펴기만 하면 졸음이 왔고, 눈앞에는 오선지가 어른거렸고, 귀에는 기타를 연주하며 노래하는 음성이 들려왔다. 그런 차에 음악을 같이하던 한 친구가 새로운 팀을 만드는 데 기타가 필요하다며 찾아왔고, 조용필은 그 유혹을 뿌리치기 힘들었다. 또한 ‘나는 너무 먼 길을 와서, 평범한 학생의 길로 돌아가기는 이미 늦었다’는 것을 알게 됐다. 가족에게 너무 미안하다 보니 아무에게도 이야기하지 않고, 또다시 무단가출을 했다.

작은 형이 그 이후 다시 찾아온 것은 부산의 모 클럽에서 일하고 있을 때였다. 이번에는 군 복무 영장이 나온 것을 알려주기 위해서였다. 조용필은 영일이 형이 자신도 먹고살기에 바쁠 텐데도 동생의 일이라면 만사를 제치고 나선다는 사실에 다시 한번 감동했다.

기자도 아니고 수사관도 아닌데 동생의 주변을 물어물어 찾아온 것이다. 사실 형이 아니었다면 병역법 위반으로 골치 아픈 일이 생길 수도 있었다. 그때부터 형은 음악 생활을 그만하고 돌아가자는 이야기는 더 이상 하지 않았다.

작은형은 대학을 졸업하고 미국으로 이민을 가서 뉴욕에서 커피숍과 오토바이 사업을 하면서 오히려 가수 활동에 대한 격려를 해주기 시작했다. 작은형 부부는 슬하에 1남 1녀를 두고 있었는데, 미국으로 처음 떠날 때 당장 갓난아기까지 데리고 가기가 힘들어서 조용필에게 맡기고 떠났고, 조용필은 이후 7년 동안 조카딸 수지를 맡아 길렀다. 처음에는 형에 대한 고마움으로 조카를 떠안았지만, 나중에는 친딸처럼 깊은 정이 들었다.

작은형이 뉴욕에서 자리를 잡고 수지를 데려가겠다고 왔을 때는 조용필도 수지도 너무나 정이 들어 떨어지기가 힘들었다. 수지를 떠나보낸 빈자리는 너무 컸다. 이때 조용필은 곡을 쓰며 공허한 마음을 달랬다. 〈I Love 수지〉라는 양인자 작사, 조용필 작곡의 곡이 1988년 조용필 10집 앨범에 수록되었다.

수지는 이후 방학 때마다 놀러와 삼촌과 시간을 보내고 돌아가곤 했다. 나도 1980년대 말, 방학을 맞아 삼촌 집에 와 있던 수지를 몇 번 본 적이 있다. 까무잡잡한 얼굴에 초롱초롱한 눈빛이 기억에 남는다. 조영일 회장의 소개로 성인이 되어 미국에서 돌아온 수지와 일 관계로 여러 번 만났는데, 여전히 똘망똘망하고 일에 대한 열정이 강했다.

조용필이 '가왕'의 자리에 오르도록 큰 기여를 한 사람은 누가 뭐래도 작은형 조영일이다. 작은형 조영일은 조용필의 초창기 소속사 '필기업' 대표를 맡아, 동생이 슈퍼스타로 성장해나가는 데 버팀목 역할을 했다. 기자 시절 필기업 사장님으로 이분을 처음 만나 많은 일들을 함께 겪었고, 기자 생활 이후에도 사적인 인연을 계속 이어갔다. 나중에는 '조영일 회장님'이라고 불렀고, 조 회장은 마지막 순간까지도 '홍 기자님'이라며 나에게 존댓말을 썼다.

이분은 지난 2019년 7월 폐암 투병 중 향년 76세로 별세해서, 안타까움을 남겼다. 지금도 마지막 전화로 들었던 음성이 들리는 듯하다. 조 회장이 돌아가시기 며칠 전 전화가 와서, "언제 강남 나올 일 있으면 좀 만났으면 한다. 긴히 의논할 일이 있다"고 했다. 당시 바쁜 일정이 많아 "오늘은 스케줄이 빡빡해서요. 제가 나중에 다시 연락드릴게요" 하고 전화를 끊으면서, 숨을 몰아쉬는 듯 간절한 음성이 마음에 걸려 "어디 편찮으시냐"고 물었더니 "별로 상태가 좋지 않다. 할 이야기가 있으니 꼭 연락 달라"고 했다. 그런데 얼마 후 강남세브란스 장례식장 부고 문자가 왔다. 그 문자가 아직도 그대로 남아 있다. 그렇게 많이 아프신 줄 몰랐고, 그렇게 일찍 돌아가실 줄 몰랐다. 조문을 갔을 때, 영정 사진 속 모습이 꼭 '남길 말이 있었는데, 왜 연락을 안 줬느냐' 하는 듯했다. 무슨 말씀을 하시려고 했는지, 지금도 너무 아쉽고 마음이 아프다.

신문기자로 한창 활발하게 활동할 때는 조영일 사장과 수시로 연락을 주고받을 일이 많았다. 가요 담당 기자로서 슈퍼스타 조용필의 형이자 기획사 사장과 긴밀한 관계를 유지해야 유사시에 대처를 할 수 있었기 때문이다. 처음 만났을 때는 누가 봐도 '용필이 형의 형'이라고 할 만큼 많이 닮았고, 특히 유머러스한 말을 하며 웃을 때는 너무 똑같다는 생각을 했다. 늘 넥타이를 맨 정장 차림에 말쑥한 헤어스타일을 하고, 정제된 표정과 말투로 최대한의 예의를 갖추었지만 동생이 어려운 상황에 처할 때는 불같이 분개하는 모습도 가끔 보았다. 언젠가 조용필의 사생활에 관한 악성 루머가 경쟁지에서 기사로 났을 때, 신문사에 뛰어들어 와 격노하던 장면은 지금도 눈앞에 생생하다.

나도 특종 욕심에 너무 앞서 나가는 오보를 터뜨린 적이 있는데, 전화로 항의해오는 그의 목소리는 의외로 담담했다. 조용필이 미국의 세계적인 통신 기업 광고 모델이 된다는 기사였는데, "이 기사 때문에 협약서상 비밀 유지 조항에 걸려 계약이 취소되었다"는 것이었다. 속으로 '이거 큰일이네. 손해배상청구를 하면 어떻게 하지' 하고 걱정했는데, "이미 엎질러진 물 어떻게 하겠냐. 다음부터는 꼭 확인하고 써줬으면 좋겠다"는 쿨한 답이었다. 가슴을 쓸어내리는 한편 '아, 이분은 필기업 사장으로서는 얼음보다도 차갑게 일을 처리하지만, 동생 조용필을 힘들게 하는 일은 형으로서 분노를 참지 못하는구나' 하는 생각을 갖게 됐다.

가요 기자 시절에는 거의 매일 소통했지만, 신문사에서 나와 중국 한류 잡지 사업과 홍보 대행사업 등으로 정신이 없던 시절 몇 년간 조영일 사장과 연락이 끊겼다. 기자들이 담당 분야에서 업무로 만나던 취재원들은 출입처를 옮기거나 신문사를 그만두면 자연스럽게 관계가 소원해질 수밖에 없다. 그런데 2014년 무렵, 필기업에 근무하던 미스 심에게 전화 연락이 왔다. 미스 심은 필기업 초창기 경리 담당 직원이었는데, 총명하면서 활달한 성격이라 필기업의 관리를 도맡아 하며, 나중에는 언론 대응까지도 지혜롭게 잘 해냈다.

　　"홍 기자님, 오랜만입니다. 미스 심이에요. 신문사 그만두셨다는 말은 들었는데, 어떻게 지내세요."
　　"미스 심도 정말 오랜만이네요. 반갑습니다."

간단한 인사를 나눈 미스 심은 이내 "지금 옆에 잘 아시는 분이 계신데 바꿔드리겠다"고 했다. 그리고 "반갑습니다. 조영일입니다. 대체 어떻게 지내는 거요. 같이 한번 봅시다" 하는 낯익은 음성이 들렸다. 며칠 후 나는 미스 심과 함께 조영일 사장과 오랜만에 재회를 했다. 가요 기획사 대표와 직원으로 만났던 사람들을 이제는 업무 관계가 없이 다시 만나니, 더 반갑고 편안했다. 조그만 주점에서 그때는 못 했던 옛날이야기들을 주고받으며, 즐거운 시간을 보냈다. 같이 한번 의기투합해, 못 다한 가요 비즈니스를 해보면 어떠냐는 이야기도 나왔다.

조영일 사장은 내 홍보 대행사 명함을 받은 후 어떤 일들을 진행 중이냐고 묻고는, "이젠 내가 매니저 손가방 들고, 홍 대표님 수행을 하겠다"고 너스레를 떨었다. 조영일 사장도 명함을 몇 장 내놓았다. 모두 '회장 조영일'이라고 쓰여 있었다. 후배들이 자리까지 마련해놓아서 명함만 만들고, 급여도 없지만 가끔 들른다고 했다. "제가 앞으로 조 회장님으로 잘 모시겠다"고 하자, "나이만 먹으면 회장인가. 회장은 무슨 회장"하며 손사래를 쳤다.

조 회장은 그다음 날부터 거의 매일 연락을 주면서, 진짜 매니저처럼 나와 함께 다녔다. 내게 새로운 일거리를 만들어주기 위해 여러 미팅도 주선했다. 당시 남부터미널과 서초동 국립중앙도서관 뒤편에 내 사무실이 있었는데, 그곳에도 자주 들렀다. 공연 기획 관련된 일이 내게 떨어질 때는 적극적으로 미팅에 참여해서 노회한 식견을 과시하기도 했다. 슈퍼스타 조용필 콘서트의 총괄 프로듀서 역할을 감당했던 노하우가 어디 가겠는가. 회의에서 만나는 공연 전문가들도 "회장님, 역시 대단하십니다" 하고 찬사를 보냈다.

조 회장은 어느 날 클래식 음악 관련 재단법인 상임 이사로 취임을 했는데, 내가 경향신문 굿데이 근무 시절 다녔던 서대문구 정동 골목에 사무실이 있었다. 자주 들르라고 해서 갔더니, 사무 공간을 하나 내줄 테니 그냥 사용하면서 이 법인을 같이 한번 키워보자고 했다. 그때부터 조 회장 사무실에 나가면서 1년 가까이 함께 지냈다. 정동 거리에서 점심도 같이 먹고, 저녁 퇴근길에는 소주를 한 잔씩 하고는 헤어졌다.

당시 조 회장은 자택이 수원 영통이어서, 항상 광화문에서 빨간색 광역 버스를 타고 퇴근을 했다. 취기가 조금 오르고, 내가 "용필이 형은 자주 보시나요" 하고 물으면 "필기업 대표를 그만둔 이후에는 많이 보지 못한다"고 했다. 그러면서도 가끔씩 집안일을 의논하기 위해 동생에게서 연락이 오면 YPC 사무실로 가서 만나는데, 응접실에서 형제가 마주 보고 앉아 간단하게 소주 한잔 나눈다고 했다.

"'형제는 용감했다'라는 말처럼 이제 조 회장님도 그렇고, 용필이 형도 그렇고, 나이 먹어가면서 의지할 수 있는 사람은 결국 가족 아닙니까. 자주 만나세요. 건설적인 일도 만들어서 저한테도 좀 주시고요."

내가 이렇게 말하면 조 회장은 오히려 이렇게 말하곤 했다.

"젊은 직원들이 일 잘하고 있는데, 이제 와서 갑자기 형이라는 사람이 들어가 부담 주면 되겠는가. 가끔 용필이가 새로운 사업 이야기를 꺼내기도 하는데, 그때마다 이젠 정리할 나이인데, 무슨 소리냐고 만류한 적도 있다."

2부

'작은 거인'은 어떻게
'위대한 탄생'을 이뤘나

조용필에게 자신감 안겨준
1980년 재미 동포 순회공연

　　　　　1980년 재미 동포 위문 미국 순회공연은
조용필에게 확실한 자신감을 심어주었다. 이 미국 투어 중에는 미
국 카네기홀 공연 일정까지 있었는데, 카네기홀은 철강 사업가 앤
드루 카네기의 기부로 뉴욕 맨해튼에 건설한 공연장으로 전 세계
뮤지션들이 한 번은 꼭 서보고 싶은 꿈의 무대로 유명하다. 한국 대
중 가수로는 최초의 카네기홀 공연이었으며, 조용필 개인적으로도
첫 해외 공연이자 첫 해외 출국으로 인생에 있어 한 분수령을 이루
었다.

　미국 순회공연 제안이 들어온 것은 〈돌아와요 부산항에〉에 이
어 〈창밖의 여자〉로 점차 조용필 이름 석 자가 알려지기 시작하던

1980년이었다. 당시 미국 교포 사회에서 큰 영향력을 갖고 있던 한국일보사는 매년 한국의 인기 가수를 초청, 수개월 동안 미국 전역 투어를 펼치는 행사로 좋은 반응을 얻고 있었다. 조용필은 미국 투어 제안이 반갑고 감사하면서도, 한편으론 큰 부담으로 다가왔다고 한다. 개인적으로 어려운 공백기를 보내고, 이제 막 기지개를 펴고 활동을 재개하던 시점에 오랜 기간 한국 가요 시장을 비운다는 것은 사실 위험한 도전이었다. 그러나 조용필은 고민 끝에 미국 투어를 결정했다.

첫 번째 이유는 가족이었다. 마침 미국에 이민 가서 뉴욕에 사는 형과 큰누나, 작은누나가 부모님을 초청해 효도 관광을 시켜드리고 있을 때였다. 조용필은 '나 때문에 얼마나 마음고생을 많이 하셨는가. 하루라도 빨리 이렇게 재기해서 가수로 무대에 서는 모습을 부모님께 보여드리고 싶었다'고 회상한다. 또 하나는 '이번 기회가 아니면, 그 유명한 카네기홀 무대에 언제 서보겠나' 하는 마음이었다.

〈창밖의 여자〉의 놀라운 인기

1980년 한국일보사 주최 재미 동포 위문 미국 투어는 LA 슈라인 오디토리엄을 시작으로, 45일간 샌프란시스코, 뉴욕, 하와이 등 13개 도시를 순회하는 일정이었다. 조용필은 매니저 유재학 사장과 전속 음반사 지구레코드에 뒷일을 맡기고 미국행 비행기에 올랐다. 비행기가 이륙하는 순간 조용필은 첫 해외 출국, 미국이라는 미지의 세계에서 가수로서 무대에 선다는 생각에 가슴이 부풀었다. 부모님의 반대를 무릅쓰고 가출을 감행한 일, 무명 밴드로 업소를 전전하던 일, 〈돌아와요 부산항에〉로 이젠 좀 풀리나 했다가 끝없는 나락으로 떨어지던 일들이 주마등처럼 스쳐 지나갔다. 뉴욕에 계신 부모님과 형제 누이들이 빨리 보고 싶었다. 조용필은 두 주먹을 꽉 쥐며 생각했다.

'이제 더 이상 불행은 없다. 어서 가자, 미지의 세계로, 아버지 어머니 계시는 미국으로!'

미국 투어 첫 무대인 로스앤젤레스 슈라인 오디토리엄 공연은 6,500 객석이 만석으로 가득 찼다. 첫 곡인 〈돌아와요 부산항에〉가 시작되자, 관객들이 따라 부르면서 눈물을 훔치기 시작했다. 먹고 사느라, 오랫동안 떠나온 고국의 가족들과 친구들에 대한 그리움이 사무친 눈물이었다. 조용필은 다음 곡으로 〈창밖의 여자〉를 준비했다. 한국에서는 뜨기 시작했지만 워낙 나온 지 얼마 안 된 곡이라 미국 동포들까지는 잘 모를 것 같았다.

"잘 모르시겠만, 얼마 전 나온 신곡 하나 들려드리겠습니다."

인사말과 함께 〈창밖의 여자〉를 부르기 시작했는데, 처음엔 조용하게 감상하던 관객들이 하나둘 노래를 따라 불렀고, 나중에는 합창이 되었다. 조용필은 〈단발머리〉, 〈한오백년〉 등으로 레퍼토리를 이어나갔고, 끝없이 터져 나오는 앙코르 때문에 공연을 끝내기가 어려울 정도였다.

뉴욕 카네기홀 공연은 평생 잊기 힘든 감동의 무대였다.

뉴욕에 막 도착하던 날, 세계적인 가수 프랭크 시나트라가 같은 무대에서 공연을 하고 갔다는 이야기를 듣고 조용필은 '내가 드디어 세계적인 무대에 서보는구나' 하는 마음에 잠이 오지 않았다. 마침내 올라선 카네기홀 무대. 5층으로 짜인 객석과 고색창연한 무대, 그동안 많은 명장들이 거쳐 간 그 무대에 서서 조용필은 지그시 눈을 감고 두근거리는 가슴을 진정시켰다. 성공적인 첫 공연으로 자신감을 얻은 조용필은 더욱 뜨겁게 열창을 이어갔다. 카네기홀 공연 역시 만석을 이뤘고, 조용필의 노래에 뉴욕 동포들이 울다가 웃다가 시간 가는 줄 몰랐다.

마침내 공연장을 찾아온 가족들을 만났을 때 모두가 박수를 쳤다. 오랜만에 만난 아버지가 고생했다고 어깨를 두드려주었다. 그렇게 반대하던 아버지의 한마디에 조용필도 눈시울이 붉어졌다. 곁에 있던 어머니는 하염없이 눈물만 흘렸다.

미국 순회공연은 가는 곳마다 객석을 가득 채웠고, 관객들의 열기 또한 점점 더해가고 있었다. 몇 군데 투어를 더 하자는 제의도 들어왔지만 현실은 조용필을 미국에 더 머무르게 허락하지 않았다. 미국 투어 기간, 국내에서는 난리가 날 대로 나 있었기 때문이었다. 〈창밖의 여자〉가 히트 수준이 아니라 메가 히트를 치고 있었다. 미국에 있는 내내 국내 관계자들이 지체하지 말고 귀국하라는 연락을 여러 번 해왔다.

미국 투어 마지막 일정인 하와이 공연을 마치자마자 귀국길에 올랐다. 김포공항에 내려 가장 먼저 만난 것이 '축 조용필 귀국'이라는 플래카드와 꽃다발 세례였다. 새벽녘인데도 불구하고 공항까지 나온 지구레코드 사장과 매니저 유재학 사장이 〈창밖의 여자〉 앨범이 40만 장 이상 팔리는 중이라며 축하 인사를 전했다. 게다가 전국 방송가요 차트 1위에 올라 있다고 했다. 그렇게 걱정하며 미국으로 떠났는데, 투어도 대성공이었으며 국내 시장 분위기는 더욱 후끈 달아 있었다.

조용필, 한 차원 높은 음악 세상으로 날다

일본 시장 디딤돌이 된 '아시아 뮤직 포럼'

조용필이 〈돌아와요 부산항에〉, 〈창밖의 여자〉에 이어 〈고추잠자리〉, 〈미워 미워 미워〉로 히트 행진을 거듭하던 1981년 12월 무렵, 일본 문화 방송은 아시아를 대표하는 5개국 가수가 우정의 무대를 펼치는 인터내셔널 콘서트 '아시아 뮤직 포럼'을 기획하고 있었다. 이 프로그램을 위해 아시아 각국을 돌던 일본 문화 방송 라디오 부장과 폴리스타 레코드 관계자는 한국 최고의 가수로 조용필을 꼽았다. 때마침 국내의 모든 가요 차트를 휩쓸고 있던 〈창밖의 여자〉에 주목할 수밖에 없었던 것이다.

조용필은 이 무렵 신기하게도 이미 일본 진출에 대한 구상을 하고 있었다. 카네기홀 공연을 비롯한 미국 투어를 마치고 일본을 경유해 귀국했는데, 그때 머무르던 호텔에서 일본 TV의 다양한 예능 프로그램을 지켜보면서 상당한 충격을 받았기 때문이다. 당시 조용필 눈에 비치는 일본 뮤지션들은 수준이 상당했고, 우물 안 개구리에서 벗어나 더 폭넓은 음악을 하기 위해서는 미우나 고우나 일본 시장으로 가야 한다는 생각이 들었던 것이다.

1980년대에 일본은 이미 영미 팝 시장에 이어 세계에서 2번째로 커다란 대중음악 시장으로 성장하고 있었다. 그로부터 한참 후인 1990년대 후반 한국에 일본 문화 시장이 개방되고, 오늘날 케이팝이 제이팝을 앞질렀지만, 그때만 해도 청계천 블랙마켓에서 음반을 구하는 방법 말고는 한국에서 제이 록이든 엔카든 일본 대중음악을 들을 기회는 흔하지 않았다.

조용필은 아시아 뮤직 포럼 출연 제안을 받자, 큰 고민 없이 수락했다. 이미 태국의 레왓 부디난Rewat Buddhinan, 홍콩의 허관걸, 인도네시아의 에비트Ebiet G. Ade, 베트남의 칸 리, 일본의 다니무라 신지 등이 캐스팅되어 있었고, 한국 대표가수는 조용필로 확정되었다.

일본 문화 방송 개국 30주년 기념으로 도쿄에서 열린 아시아 뮤직 포럼은 2천 명이 넘는 관객으로 가득 찬 가운데, "전 세계인 모두가 사랑과 평화와 신뢰를 구하고 있는 가운데, 아시아가 언어와 사상의 장벽을 넘어 음악으로 화합하길 원하며 아시아 뮤직 포럼이 그 계기가 되길 바란다"라는 사회자의 인사말로 시작되었다.

무대 뒤의 조용필은 가슴 뭉클한 사명감을 느끼며 혼신의 힘으로 노래를 불렀다, 당시 일본 팬들에게 뜨거운 호응을 이끌어낸 노래는 〈돌아와요 부산항에〉, 〈창밖의 여자〉는 물론, 〈내 마음 당신 곁으로〉도 있었다. 새하얀 한복으로 갈아입고 〈한오백년〉을 노래하자 관객들 모두가 눈물을 흘렸다.

특히 〈돌와와요 부산항에〉를 부를 때는 한국어를 모르는 일본 관객도 후렴구를 따라 불렀는데, 이 노래는 1984년 일본의 국민 엔카 가수 미소라 히바리가 리메이크해 흥행했던 것이었다. 미소라 히바리는 1989년 향년 52세로 별세한 후에 일본 여성으로서는 최초로 국민영예상이 봉헌될 정도로 일본 현대사의 한 획을 그은 인물이다. 〈돌아와요 부산항에〉는 30명이 넘는 일본 가수가 노래하는 등 일본 기네스북에 '가장 많이 리메이크된 외국 노래'로 등재되어 있을 정도로 매우 인기가 있었다.

공연 후 간단한 기자회견이 있었는데, 조용필의 〈한오백년〉에 대한 질문이 쏟아졌다. 조용필은 답했다. "〈한오백년〉은 한국인의 한을 담은 민요이며, 국악인이 아닌 제가 소리를 내기 위해 전국의 명산대천을 찾아다니며 각고의 노력 끝에 노래할 수 있었습니다."

다음 날 일본 현지 매스컴에는 '혼의 소리', '작은 거인', '다이내믹한 사나이'라는 제목의 기사들이 실렸고, "특별한 감성과 일본 가수들에게서 느낄 수 없는 강한 힘이 있다. 한국에 대해 더욱 호감을 갖게 한 민간사절"이라며 찬사를 보냈다.

사실상 조용필의 일본 데뷔 무대라 할 수 있는 아시아 뮤직 포럼이 큰 반향을 일으키자, 일본 CBS 소니 레코드에서는 〈한오백년〉을 비롯 〈창밖의 여자〉, 〈돌아와요 부산항에〉, 〈미워 미워 미워〉, 〈고추잠자리〉 등으로 앨범을 출반했다. 당시 국내 상당수 가요 관계자들은 조용필이 일본 공연에 성공했다는 뉴스에 재일교포 대상 공연이겠거니 여겼지만 관객의 80%가 일본인이었던 무대였다. 조용필은 한국 가요가 해외로 진출하기 위해서는 아시아 최대 음악 시장이며, 세계적인 뮤지션들과 음악 관계자들이 몰려드는 일본 시장이 첫 번째 관문이 되어줄 것이라 생각했고, 조용필의 계획은 미리 짜여진 것처럼 착착 맞아들어 갔다.

아시아 뮤직 포럼이 성공하고 두 번째 일본 무대라 할 수 있는 NHK TV 주최 콘서트 제안이 오기까지는 그리 오래 걸리지 않았다. 당초 제안은 아시아 뮤직 포럼처럼 사회자의 진행하에 여러 가수가 출연하는 것이었는데 조용필은 '무슨 말이냐'로 일축하고 단호하게 두 시간 단독콘서트로 가겠다고 역제안을 했다. 사회자도 필요 없다고 했다. NHK 측은 처음엔 당혹스러워했지만 조용필은 걱정 말라며 밀어붙였다.

하지만 얼마 지나지 않아 당황한 쪽은 일본 측이 아니라 의기양양했던 조용필 측이었다. 아시아 뮤직 포럼의 반응이 좋았던 것은 사실이지만, 수많은 미디어와 다양한 아티스트들이 활동하는 일본 가요계에서 조용필의 성공은 아직 찻잔 속의 태풍에 불과했다. 알고 보니 1983년 4월 콘서트를 앞두고, 한 달 전까지도 콘서트 티켓이 거의 팔리지 않은 것이다. 일본 시장 상황을 제대로 분석하지 못했음을 뒤늦게 깨달은 조용필 측은 초비상이 걸렸다.

스태프들을 총동원해서 일본의 신문, 방송, 잡지에 연락해 홍보 기사를 부탁하고, 광고를 게재했다. 그래도 별 반응이 없자, 이번에는 도쿄 시내 '발렌타인 하우스'라는 라이브 홀을 빌려 언론 대상 데모 콘서트를 열겠다고 알렸다. 요즘 말로 프레스 콜 또는 쇼케이스 공연이었다. 데모 콘서트라는 것 자체가 생소한 이벤트이다 보니 일본 기자들은 사이에서 초미의 관심사였다.

데모 콘서트 당일, 현장은 한 자리도 남김없이 기자들로 가득 찼다. 자리에 앉지 못해 서서 취재하는 모습도 보였다. 조용필은 아무런 멘트 없이 "한 많은 이 세상" 하고, 〈한오백년〉으로 오프닝을 열었다. 일본 기자들은 조금은 어리둥절한 표정으로 서로를 쳐다보더니, 노래가 끝나자 환호성과 박수로 화답을 했다. 이어서 〈돌아와요 부산항에〉, 〈미워 미워 미워〉〈단발머리〉까지 쉬지 않고 계속 소리를 뽑아냈다. 객석의 반응은 더욱 뜨거워졌고 박수 치며 따라 부르는 기자들도 있었다.

그다음 날 일본의 주요 신문인 아사히, 요미우리, 니칸 스포츠, 호치 신문 등이 '소름 끼치는 혼의 소리, 조용필'이라며 대서특필을 했다. 일본에서 신문의 영향력은 대단했다. 그날 하루 만에

4,400석 전석 티켓이 완판된 것이다. 더욱이 표를 구하지 못한 사람들의 항의가 빗발쳐 한 회를 더 늘렸는데, 그 티켓조차 다 매진되어버렸다.

조용필은 NHK홀 콘서트를 마치고 고베 국제회관, 후쿠오카 시민회관 콘서트까지 1만 5천 장이 넘는 티켓 완판 행진을 벌였다. 공연장 입구에 비치해둔 조용필 앨범과 카세트테이프도 날개 돋친 듯 팔려나갔다. 조용필에 열광하는 일본 팬들 가운데는 일본인, 재일교포 외에도 조총련계 동포들도 많았다. 정치적인 이유로 대한민국 가수인 조용필을 보지 못하는 그들의 팬심은 더욱 애절했다. 조총련계 한 여대생은 50장이나 되는 종이에 붓으로 써 내려간 팬레터를 보냈다. 편지 내용은 '우리는 왜 조용필 오빠를 마음 놓고 볼 수 없단 말인가. 대체 무엇이 우리를 이토록 갈라놓는가. 남북한이 서로 싸우지 말고 잘 살았으면 좋겠다'라는 사연이어서 안타까움을 더했다.

1980년대 일본열도는 조용필 붐

조용필은 일본 콘서트의 3연속 성공 이후에도 마음속엔 아쉬움이 남았다. 공연 중에 예기치 못하게 발견된 허점들과 노래에 대한 반성도 있었지만, 가장 중요한 약점인 일본어 문제 때문이었다. 급작스러운 아시아 뮤직 포럼과 NHK홀 콘서트 제안에 미처 일본어 공부까지 하지는 못했던 것이다. 일본어 인사말 몇 마디 외에 멘트

없이 30곡에 가까운 레퍼토리를 연속으로 노래한다는 것은 관객들 입장에서 지루할 수도 있었고, 신문 방송과의 인터뷰에서도 의사 전달이 왜곡될 수 있어서 불편한 부분이 많았다.

조용필은 결국 정통 일본어를 한다는 재일동포 한 분을 가정교사로 모셔서 기본 과정 3개월을 마스터하고 나서는, 항상 일본어 회화 교본을 갖고 다니며 틈만 나면 책을 펴들고 공부했다. 뭐든지 하나에 꽂히면 끝을 보는 조용필의 성격이 한몫한 것이다.

조용필의 일본어 실력은 일취월장해 1년도 안 되어서 간단한 생활 일어는 할 수 있게 되었고, 조용필 소속 일본 프로덕션 직원들도 한국어를 배우고 나서는 소통이 급물살을 탔다. 조용필은 나중에는 일본 기자와 인터뷰도 통역 없이 가능하고, 일본 관계자들의 통역 역할까지 할 수 있을 정도가 되었다.

1983년 5월, 일본 3개 도시 순회공연이 대성공을 거두고, 그해 11월 TV도쿄는 30분짜리 다큐 〈인간 조용필〉을 방송했다. 이 프로그램은 〈세계인의 메시지〉라는 고정 코너 시간에 편성되었는데, 연예인으로는 할리우드 배우 존 웨인, 찰턴 헤스턴, 잉그리드 버그먼, 스페인 가수 훌리오 이글레시아스 등 세계적인 스타들이 출연했다. 조용필은 어린 시절 〈누구를 위하여 종은 울리나〉 영화를 보고 주인공 잉그리드 버그먼을 좋아했었는데, 바로 그 잉그리드 버그먼이 나온 프로그램에 자신이 주인공이 되었다는 생각에 가슴이 뿌듯했다. 〈인간 조용필〉편은 조용필의 인터뷰를 비롯해 스튜디오 녹음 장면, 용인 자연농원을 거니는 모습, 잠실 체육관 콘서트 무대에서 노래하는 장면 등 진솔한 모습들이 담겼다.

NHK TV에서는 〈돌아와요 부산항에〉를 누가누가 잘 부르나 경연대회를 열기도 했다. 〈돌아와요 부산항에〉를 음반으로 취입한 일본가수 11명이 출연해 경연을 하고, 조용필은 이들의 경연을 마치고 피날레를 장식했다.

CBS 소니는 조용필의 한국 전속 음반사였던 지구레코드와 제휴해 일본에서 음반을 냈는데, 50만 장 이상이 판매됐다. 공연과 방송뿐 아니라 일본 음반시장에서도 폭발적인 인기를 얻기 시작한 것이다. 일본 방송 인기 가요 차트라고 가만 있을 리 없었다. TBS TV, NTV 등에서 〈돌아와요 부산항에〉가 상위권을 오르내리고, 일본 유력 일간지 아사히 신문에서는 '한국의 위대한 음악가 2인'이라는 제하의 기사로 세계적 바이올리니스트 정경화와 조용필을 올려놓고 극찬을 했다.

어떤 신문에서는 조용필의 매력에 대해 이렇게 분석했다. "일본 가요계에서 보기 힘든 독보적인 음색과 가창력을 지녔으며, 일본어가 서툴러 실수하면, 뒷머리를 긁으며 양해를 구하는 모습이 너무 순박해 보인다." 또한 조용필의 인기는 소속사 필기업 외에 그 어떤 후원 단체도 없이 아티스트 혼자만의 실력으로 일군 것이라 더욱 귀하다는 평이었다.

1985년 1월, 도쿄 NHK홀, 나고야, 오사카, 후쿠오카, 요코하마 등 5개 도시 순회공연은 화룡점정을 찍었다고 할까. 조용필 일본 공연 수준이 한 차원 더 발전한 무대였다. 그때까지의 공연은 방송사가 주관했는데, 이 공연부터는 일본 최대의 쇼 프로모션 기업인 교도도쿄(共同東京)가 기획, 제작, 프로모션까지 맡아서 진행했다. 당시 교도도쿄는 마이클 잭슨, 마돈나, 휘트니 휴스턴 등의 공연을 제작한 것으로 유명했는데, 아시아 가수 공연은 조용필이 처음이라고 했다.

　　조용필은 1월 22일 오후 2시 30분 도쿄 시부야의 NHK홀에 위대한 탄생 밴드와 함께 새하얀 턱시도 차림으로 무대에 올랐다. 첫 곡은 우리 민요 〈아리랑〉이었다. 타국 땅에서 설움을 받고 지내온 재일 동포 관객들이 곳곳에서 눈물을 흘리기 시작하더니, 〈한오백년〉, 〈간양록〉 등 전통 민요가 이어지자 재일 동포뿐 아니라 일본인 관객들까지 객석이 전부 울음바다가 되었다. 단조의 민요 가락을 꺼이꺼이 우는 듯 구성진 목소리로 부르다가, 서서히 위대한 탄생 기타의 애드리브 사운드가 커지면서, 무대는 돌연 하드록 밴드의 콘서트처럼 뜨겁게 변했다. 관객들은 어느새 '조삐루'를 연호했다. 조용필의 일본 발음이 '조삐루'였다.

　　도쿄 시부야 콘서트가 대박을 쳤다는 소문이 나면서 그다음 오사카 공연은 2,600석 자리가 완판됐다. 이어진 후쿠오카, 요코하마까지 모두 2만 명이 넘는 유료 관객을 동원했다. 아사히 신문은 당시 5개 도시 투어를 놓고 '음악의 장르와 언어의 장벽을 거뜬히 극복하고 성공한 조용필, 일본 청중의 혼을 빼앗았다'고 표현했다.

조용필은 일본 진출의 길을 활짝 열어젖힌 한류의 선구자라고 할 수 있다. '한류'라는 표현조차 등장하기 전이지만, 이미 한류의 한계를 넘어서고 있었다. 1983년 '조용필과 위대한 탄생'으로 일본 15개 주요 도시 순회공연을 펼쳤고, 1986년에는 78개 도시로 투어를 확대해 일본열도를 감동시켰다.

1986년 발표한 〈오모이데 마이고〉로 조용필은 공연뿐 아니라 음반 히트 가수로 인정받았다. 이 노래의 작곡가 아라키 도요히사는 대만의 인기 가수 등려군의 히트곡을 작사했고, 조용필의 〈바람의 노래〉 일본어 버전으로도 잘 알려져 있다. 조용필의 일본 앨범 판매량은 통산 600만 장을 넘어섰으며, 한국 가수 최초로 일본 골든디스크상을 수상했다.

일본 가요의 인기 척도인 오리콘 차트에도 상위권을 오르내렸다. 일본어 가사로 취입되어, 일본에서만 잘 알려진 히트곡도 많다. 후지 TV에서는 '외국 가수 특별상'을 수상했고, 1987년 12월 31일 NHK방송의 〈홍백가합전〉(역사와 전통을 자랑하는 일본 TV 연말 특집 프로그램)에는 한국 가수로서 처음으로 무대에 올랐다. 조용필은 1990년까지 연이어 홍백가합전에 참여했고, 이때까지 4년 연속으로 홍백가합전에 나간 한국인 가수는 조용필뿐이었다. 한국의 호텔에서 열리는 디너쇼나 콘서트의 관객도 늘 일본팬들로 가득 찼다. 1992년에는 일본 진출 10주년 기념 콘서트를, 1998년에는 일본 10개 도시 투어를 펼친다.

일본 활동 매니저의 전언

1990년대 초 일본 활동 매니저였던 맹정호는 처음 조용필의 일본 콘서트를 관람하고 이런 분이라면 기꺼이 매니저로 일하고 싶다고 마음먹었다. 맹정호는 원래 관광 분야를 전공하고, 서울 시내 특급 호텔에서 객실 과장으로 일하고 있었다. 어느 날 호텔 임원의 소개로 필기업 사장을 만나 일본 활동 매니저 제안을 받았다. 이름만 들으면 누구나 아는 스타 가수의 전혀 예기치 않았던 제안에 가슴이 뛰었지만, 일단 "조용필 님의 일본 콘서트를 한번 보고 신중하게 생각해보겠다"고 했다. 일본어도 가능했고 음악도 좋아했지만, 가요 매니저라는 직업은 처음이었다. 또한 멀쩡한 직장을 그만두고, 일본에 가서 조용필의 모든 의전을 전담하는 일이어서 쉬운 결정은 아니었다.

3박 4일 휴가를 내고 일본으로 날아가 관람한 공연은 도쿄 시부야 콘서트였다. 조용필은 당시 일본 163개 지역 일본 투어를 펼치고 있었다. "공연장 뒤편에 서서 두 시간 반 동안 공연을 지켜보았습니다. 〈돌아와요 부산항에〉, 〈한오백년〉, 〈간양록〉, 〈When a Man Loves a Woman〉, 〈추억 속의 재회〉와 엔카까지 30곡의 레퍼토리를 노래하는데, 어떤 장르든 완벽하게 소화했습니다. 가슴에 진동이 올 정도였습니다. 한시도 무대에서 눈을 뗄 수가 없었어요. 기승전결이 명확한 것이 마치 뮤지컬 한 편을 보는 것 같았습니다." 맹정호는 이후 과감하게 호텔리어를 그만두고, 필기업 부장으로 본격적 일본 업무를 시작했다.

> "용필이 형은 개인적으로 비틀스와 롤링 스톤스의 음악을 너무 좋아했습니다. 그래서 공연 때마다 애창 팝송들이 큐시트에 들어갔어요. 개인적으로 〈The Long and Winding Road〉, 〈Get Back〉, 〈Stand By Me〉, 〈She Loves Me〉 같은 팝송은 원곡보다 더 좋았던 것 같습니다. 한국 전통 음악 형태의 〈한오백년〉과 〈간양록〉 무대가 시작되면, 일본 관객들이 손수건을 꺼내들고 눈물을 훔쳤어요. '넘사벽'이라는 생각이 들었습니다."

맹정호는 이후 3년을 넘게 일본을 오가며, 조용필 일본 매니저 업무를 수행했다. 그리고 최고의 가수 매니저 경험을 바탕으로 이예린의 〈포플러 나무 아래서〉 음반을 제작했다. 이후 EMI, HM한 맥엔터테인먼트 등 대형 음반 기획사 임원을 거쳐 음반 제작자로 변신, 한국연예제작자협회 부회장까지 맡았다. 맹정호는 조용필의 일을 그만두고 나서도 형 동생 사이로 연락을 주고받으며 콘서트 때는 꼭 찾아가 인사를 한다. 지금은 '시앤올'이라는 가요 기획사를 운영하면서 중견 가수들을 매니지먼트하고 있다.

맹정호 사장은 조용필의 일본 활동 중 특히 인상적이었던 것으로 골프를 꼽는다.

"용필이 형은 일본에서 골프를 많이 나갔어요. 당시 보기 플레이어 정도의 실력이었는데, 처음엔 설렁설렁 치다가 게임으로 들어가면 눈빛부터 달라졌어요. 그리고 절대 지는 적이 없었지요. 그만큼 승부욕이 남달랐습니다. 그것이 오늘날까지 '가왕'의 자리를 지키고 있는 에너지라고 생각합니다."

맹정호 사장은 이렇게 소외를 밝혔다.

"가장 가까운 거리에서 용필이 형을 지켜보며 느낀 것은 이분은 1년 365일 음악만 생각하는 사람 같았다는 점입니다. 피아노, 바이올린, 기타를 치면서 늘 곡을 구상했고, 틈만 나면 오선지에 음표를 그려 넣었습니다. 작사를 할 때는 깨알같이 글을 쓰면서도 글자가 너무 예뻤죠. 그리고 밴드를 구성하는 악기는 다 다룰 줄 알아서, 멤버들과 소통이 빨랐습니다. 지금도 가끔 옛날 생각이 나는데, 일본 택시 안에서 노래를 들려주며 어떠냐고 의견을 묻던 추억이 떠오릅니다. 짧다면 짧고 길다면 긴 일본 매니지먼트의 경험들이 오늘날까지 수십 년간 음반 제작자로서 자산이 되었습니다."

대한민국
팬덤 문화의 시초

조용필은 대한민국 가요사에 여러 기록을 남겼는데, 이중에서도 팬덤 문화의 원조인 '오빠 부대'를 만들어낸 주인공이다. 기자 시절 조용필을 인터뷰하기 위해 서초동 자택으로 들어가다 보면 항상 집 앞에 진을 치고 있는 팬들을 접했다. 팬들은 '용필이 오빠'의 모습을 한 번이라도 보기 위해서 비가 오나 눈이 오나 기다리고 있었다. 조용필을 사랑하는 열정만큼 용필이 오빠에 대한 정보력도 강해서, 집을 드나들던 나의 이름까지도 이미 알고 있었다. "홍성규 기자님, 오늘은 무슨 일로 오셨나요?" 하고 외쳐서 깜짝 놀라기도 했다.

인터뷰를 겸해 부산 해운대에 용필이 형을 모시고 갔을 때도 용의주도하게 비밀리에 움직였다고 생각했건만 용케 행선지를 알아내 호텔 방으로 전화가 걸려 왔을 정도다. '공식 스케줄이면 우리가 모를 리 없는데, 우리 용필이 오빠가 어떤 스케줄로 왔는지 알려달라'고 안부를 물었던 것 같다. 용필이 오빠에 관해서라면 어떤 정보기관보다도 뛰어났을 것 같다.

부산에는 특히 일본 팬들이 많았는데, 식당이나 주점에서 일본 중년 여성 팬들이 용필이 형을 알아보고는 반색을 하며 수줍게 다가와 사인을 요청했다.

조용필 팬클럽은 〈돌아와요 부산항에〉에 이어 〈창밖의 여자〉가 대박 히트를 내고 본격적인 일본 진출이 이뤄지면서 일본에서부터 생겨났다. 우리나라보다 훨씬 먼저 영미 팝을 받아들이고 스타급 대중 가수들을 양산해내면서 자연스럽게 생성된 일본 팬덤 문화가 조용필 팬덤의 토양이 된 것이다. 당시 일본 팬들은 좋아하는 가수에 대한 충성도가 높아, 진지하게 공연을 감상하고 팬들끼리 감상회와 토론회를 여는 모임도 이뤄지고 있었다.

조용필이 1982년 〈비련〉을 노래할 때부터 팬들의 존재가 서서히 감지되고 있었다. "기도하는" 첫 소절을 부르면, 마치 음반의 효과음인 것처럼 "오빠" 하고 환호성이 터져 나왔다. 오늘날까지도 조용필의 콘서트에서는 "기도하는"이 나올 때, 약속이라도 한 듯 "오빠" 하는 함성이 터져 나온다.

조용필이 지금도 회고하는 열성팬 1호가 있다. 늘 책가방을 들고 집 앞에서 기다리던 여학생이다. 〈창밖의 여자〉로 인기가 치솟으면서 방송이며 밤무대며 온갖 스케줄을 끝내고 오밤중에 귀가를 하던 어느 날, 자택 빌라 경비원이 책가방 든 한 여학생이 매일 하교 시간부터 집 앞에 와서 밤늦게까지 기다리다가 간다고 전했다. 하루 스케줄을 비우고 일찍 집에 돌아온 날, 그 학생이 어김없이 집 앞에서 책가방을 들고 서성거리고 있었다. 조용히 다가가서는 "얘야, 나 만나러 왔니" 하고 말을 걸자, 학생은 "오빠" 소리만 하면서 말도 못 하고 계속 울먹이다 달아나버렸다.

얼마 후 필기업 사무실에 그 학생이 어머니 손을 잡고 찾아왔다. 조용필이 반가운 마음에 손을 내밀자 학생은 또 울음을 터뜨렸다. 어머니가 털어놓은 사연인즉, 그 학생은 〈돌아와요 부산항에〉가 나왔을 때부터 조용필의 음반, 사진, 잡지, 기사를 모두 수집했고, 틈만 나면 조용필의 노래를 듣고 있었는데, 어느 날부터는 공부도 하지 않고 조용필 사진만 들여다보며 눈물을 흘렸다고 했다. 또한 학교만 파하면 조용필 자택 앞에서 기다리다가 힘없이 터덜터덜 집으로 들어오는 일이 반복되었다고 했다. 급기야 정신과 치료까지 받게 되었고, 병원에서 입원을 권유해 마지막으로 용필이 오빠 한 번만 볼 수 없겠냐고 해서 염치 불고하고 찾아왔다는 것이다.

학생의 어머니는 "우리 딸 좀 살려주세요" 하며 같이 눈물을 흘렸다. 조용필은 입원해서 잘 치료받고 퇴원하면 꼭 다시 만나자는 약속을 하고 달랠 수밖에 없었다. 조용필은 그러나 그 약속을 지키지 못했다. 끊임없이 이어지는 스케줄에 이어 일본 시장에 진출한 이후에는 몇 년간 거의 국내에 머무르는 날이 없었기 때문이다. 이 학생 팬의 간절했던 모습이 아직도 조용필의 가슴속에 죄책감처럼 남아 있는 것이다. '내 존재가 대체 뭐라고, 한 사람을 병들게 하는가' 하는 마음이었다.

조용필은 이후 공연을 하든지 어디를 가든지 팬들을 만나면 한 사람 한 사람 모두 손을 잡아주고 사인을 해주려고 애를 쓴다. 매니저와 스태프들이 불안한 마음에 가로막을 때에도 '그러지 말라'고 만류하는 모습을 보인다.

이제는 밝힐 수 있다, 팬들을 따돌린 비밀

상이란 상은 다 휩쓸고 발매하는 음반마다 날개 돋친 듯 팔리면서, 조용필의 녹화 현장이나 콘서트장은 극성팬들을 피하기 위한 007 작전들이 필요해졌다. 공연이 시작하면 쉬지 않고 '오빠 사랑해요'를 외치다가 실신하는 여학생이 속출해 앰뷸런스를 늘 대기시켜놓아야 했을 정도다. 더 어려운 문제는 행사가 끝나고 밖으로 나가는 일이었다. 대기실 밖에 늘어선 인파를 헤치고 빠져나간다는 게 불가능에 가까웠다. 좋은 말로 길을 터달란다고 순순히 길을 열어줄 리가 만무했다. 가까운 거리에서 용필이 오빠를 한 번 보고 싶은 팬심을 이해 못 하는 게 아니지만, 자칫 일어날 수 있는 안전사고가 걱정될 수밖에 없다.

이에 가장 많이 이용했던 방법은 전경으로 변장하고 나가는 것이었다. 그 당시에는 대형 콘서트장에 전경들이 동원되었는데, 전경 복장에 모자를 쓰고 다른 전경들과 열을 맞춰 걸어나가 전경 버스에 올라타면 아무도 몰랐다. 하지만 조용필은 늘 빠져나가는 전경 버스 차창 밖으로 팬들을 바라보면 왠지 미안한 마음이 들었다. 사랑하는 팬들의 눈을 속이며 피한다는 사실이 양심에 걸렸다고 한다.

1981년 여름 부산 해운대에서 열린 KBS 〈백분쇼〉 생방송에는 헬기까지 동원됐다. 제작진은 공연 자체보다 조용필을 무사히 무대에 등장시키는 것을 난제로 여겼다. 해운대 모래밭에 내려서 수많은 관객을 뚫고 무대까지 걸어갈 수가 없었다. 더구나 생방송인데 돌발 상황이 절대로 일어나서는 안 되었다. 제작진이 떠올린 아이디어가 헬기를 타고 무대에 내리는 방법이었다. 당시 외국 유명 로커들이 헬기를 타고 공연장에 도착하는 장면을 참고한 것이었다.

조용필은 결국 스태프들과 함께 헬기를 타고 부산 해운대에 도착했는데, 아니나 다를까 상공에서 보니 해변은 인산인해를 이루고 있었다. 진행자가 "여러분! 조용필 씨가 탄 헬기가 내려오고 있습니다!" 하자 수만 명의 관객들이 터뜨리는 함성이 온 바다를 다 울리는 듯했다. 그런데 전혀 예상치 못한 문제가 발생했다. 헬기가 서서히 무대로 다가가자 프로펠러에서 부는 바람으로 엄청난 모래바람이 부는 게 아닌가! 진행자는 물론 무대 위에서 대기 중이던 연주자들이 눈을 뜨지 못할 정도로 모래가 날렸다. 이제나저제나 하늘을 바라보며 기다리던 관객들도 손으로 얼굴을 가리고 눈을 뜨지 못했다.

결국 헬기로 무대에 착륙하는 방법은 포기하고, 다시 상공으로 올라가 인근 헬기장에 착륙해 승용차를 타고 돌아올 수밖에 없었다. 나중에 이야기를 들어보니, 헬기의 굉음 때문인지 해변 횟집 유리창이 깨져 변상해주는 불상사까지 있었다.

두려울 정도로 열정적인 팬들

공연장에 몰리는 팬들은 질서 유지를 위해 동원할 방법이라도 있었지, 집으로 찾아와서 밤을 새우는 팬들은 어찌할 도리가 없었다. 서초동 아파트에 거주할 때는 팬들이 진을 치고 '오빠'를 연호하며 집 주변을 서성거리는 바람에 주민들이 제발 좀 이사를 가달라고 항의를 해 결국 집을 뺄 수밖에 없었던 일이 있었다. 당시 자택 인근 독서실은 새우잠을 자기 위해 몰려드는 팬들로 문전성시를 이뤘고, 밤을 새우는 팬들을 위한 포장마차가 성업을 했다. 조용필이 없을 때 찾아와 집 구경이라도 시켜주면 돌아가겠다고 해서 집에 들이면, 방에 자리 잡고 앉아서 갈 생각을 안 해 애를 먹은 적도 있었다.

조용필은 이들을 향해 정중한 당부의 메시지를 보냈다.

"마음은 일일이 다 찾아다니며, 인사를 나누고 싶지만, 가능하면 팬클럽을 통해 질서 있게 만나면 좋겠습니다."

　두려울 정도로 열정적인 팬들도 중요하지만, 자신의 존재를 드러내지 않은 채 팬클럽을 통해서 응원해주는 소중한 팬들도 많았다. 이 무렵 팬클럽들이 여러 곳 만들어져서 조용필 디스크 감상회, 조용필 음악 토론회, 뮤직비디오 감상회들이 열렸고, 조용필은 이를 알고는 너무 고마운 마음이 들었다.

　지방에 있는 팬클럽들은 콘서트를 보기 위해 관광버스를 대절해 올라오기도 했다. 한번은 추석을 앞두고 장충 체육관에서 '조용필 대음악회'를 열었는데, 귀성 차량으로 차가 막혀 공연 시간에 도착하지 못하는 불상사가 일어났다. 조용필은 이 소식을 듣고는 아쉬워하는 팬들을 따로 만나 모두 사인을 해주고 오랜 시간 환담을 나누다 헤어졌다.

　데뷔 초기부터 10년 가까이 어려운 일을 당할 때마다 전화를 걸어와 격려를 해주는 팬도 있었다. 이분은 부담을 주기 싫다며 이름은 절대 밝히지 않고, 다만 자신은 환갑이 지난 노인이고, 공연이 있을 때마다 꼭 간다며 힘내라는 말을 전했다. 필기업 사무실에서는 '식사라도 한번 모시고 싶다. 아니면 연락처라도 남겨놓으시라, 신보 앨범과 공연 초대권이라도 보내드리겠다'고 말했지만, 그저 '항상 먼발치에서 응원하겠다. 오래오래 무대에 남아 있길 바란다'

는 말만 남겼다.

음악 편지로 팬심에 화답

조용필이 팬들에 대한 사랑을 전하는 통로는 바로 편지였다. 〈창밖의 여자〉 앨범 이후 급증하는 팬레터와 열화 같은 팬들의 반응에 화답하는 방법은 편지밖에 없었다. 팬클럽 전담 직원을 배치하고, 음악 가족회를 만들어 회보지도 발행했지만, 팬들에게 사랑을 전하는 방법은 조용필 본인이 직접 쓰는 마음의 편지가 가장 효과적이었다.

모 매체에서 제안해서 시작한 '조용필의 음악 편지'는 조용필 자신에게도 너무 즐거운 일이었다. '바람이 전하는 말'이라는 칼럼도 좋은 반응을 얻었다. 팬들에 대한 형식적인 감사의 표시라기보다는 마치 조용필 본인의 일기장을 공개하듯 진솔한 이야기들이 담겼다. 좋은 이야기만 쓰는 것이 아니라 시시콜콜한 일상생활, 힘들고 답답한 심정까지, 조용필의 마음이 오롯이 담긴 편지였다.

조용필은 이 편지를 절대 다른 사람에게 대필시키지 않고 반드시 본인이 직접 썼다. 1년 내내 공연, 방송, 녹음 스튜디오, 음악 작업, 행사 등 살인적 스케줄 속에서도 매일 편지를 썼다. 한국과 일본을 오가는 비행기 안에서, 공연장 대기실, 호텔 방, 집, 이동하는 차 안에서, 틈만 나면 편지를 썼다. 그만큼 소중했다. 조용필은 자신이 존재하는 이유가 팬 말고 또 누구 때문이겠는가 하는 마음을 갖고 있었다.

1980년대 등장한 하이텔, 천리안 같은 PC통신은 훌륭한 소통 수단이 되었고, 나중에는 팬클럽 통합 파티와 팬클럽 체육대회가 열리기도 했다. 조용필은 웬만하면 이 모임에 참석했고, 피치 못할 사정으로 참석하지 못할 때는 친필 메시지를 보냈다.

일본 현지도 '용필 통신'이 생겨났고, 일본 공항에 도착하면 미리 연락을 주고받은 팬들이 환영 플래카드와 꽃다발을 들고 나와 조용필을 반겼다. 일본 공연은 물론, 한국에서 열리는 콘서트에도 3천~4천 명의 팬들이 단체로 내한해 응원을 했다.

조용필의 일본 팬클럽 탄생

일본 5대 도시 투어를 성공시키면서 조용필 팬클럽이 형성되었다. 조용필도 자연스럽게 이 사실을 알게 되었는데, "조삐루! 조삐루!" 하고 외치는 연호가 상당히 조직적이고 단합된 모습으로 보이기 시작한 것이다. 아니나 다를까, 얼마 지나지 않아 팬클럽 명칭을 '조삐루 팬클럽'으로 승인해달라는 제안이 일본 전속 기획사에 들어왔다.

조용필의 일본 발음이 '조삐루'이다 보니 그들에게는 당연한 일이었지만, 한국인 입장에서는 비속어로 들릴 수도 있었다. 조용필은 팬클럽에 '조용필' 이름 석 자를 원어 그대로 사용해달라고 정중하게 부탁했다. 이후 여러 일본 팬클럽들이 자생적으로 생겨나 자체적으로 음악 감상회와 토론회 등 모임이 열렸다.

이들 가운데 가장 열심인 팬클럽 회원이 있었는데, 조용필 팬클럽 교토 지부장을 지내던 팬이었다. 당시 나이 23세의 재일동포 여성이었는데, 조용필과 관련된 모든 자료를 완벽하게 모아놓아서 신문과 방송에서 자료 요청을 받을 정도였다. 그분은 할아버지가 한국에서 태어났고 부모님과 자신은 일본에서 태어나 자라왔다고 했다. 조용필을 보면 고국의 향수가 느껴지며 눈물이 난다고 했다.

한국에서 조용필의 공연을 보러 오는 팬들도 많았다. 1984년 NHK홀 공연 중, 〈돌아와요 부산항에〉에 이어 다음 곡으로 넘어가려는데, 한 중년 팬이 무대 바로 앞까지 달려 나와서는 "용필 씨, 나 좀 보십시다!" 하고 외쳤다. 깜짝 놀란 진행 요원이 이를 제지하려는 것을 만류하고, 조용필은 무대 끝으로 가서 마이크를 넘겨줬다. 그러자 그 팬은 큰 소리로 말했다. "나 서울 한남동에 사는 사람인데, 조용필 씨 공연이 너무 보고 싶어 여기까지 왔어요." 1년 내내 일본 스케줄로 가득 차 있어, 국내에서 보기 힘들어 일부러 일본까지 왔다는 것이었다. 혹시 무슨 돌발 사태라도 있으면 어쩌나 하고 바라보던 스태프들은 한숨을 돌렸고, 관객들은 우레와 같은 박수로 환호했다. 조용필은 훗날 이 한마디가 어떤 신문 기사나 좋은 뉴스보다도 큰 힘이 되었다고 회상했다.

조용필 팬클럽은 현재 진행형

2003년 잠실 주경기장에서 있었던 35주년 콘서트 때는 폭우가 내렸다. 국내 가수로서는 처음으로 잠실 주경기장에서 단독 콘서트를 연 것인데, 티켓은 물론 완판되었다. 폭우였지만 비가 온다고 연기할 만한 상황이 아니었다. 관객들이 우의를 입고 객석을 가득 메운 현장에 나 역시 취재를 겸해 잔디밭 객석에 앉아 있었다. 내리는 비 속에서 조용필을 향한 팬들의 감성은 더욱 극대화되었다. 공연의 클라이막스에 조용필은 예정에도 없이 무대에서 내려와 팬들과 함께 비를 맞으며 노래를 불렀고 육상 트랙을 함께 달렸다. 지금도 잊지 못하는 가슴 뭉클한 장면이었다. 오늘날 가왕 조용필이 존재하는 이유를 새삼 깨닫게 된 순간이었다.

조용필은 이후 55주년 콘서트까지 20년간 여덟 차례의 잠실 주경기장 콘서트를 매진시키며 성공적인 무대를 연출했다. 끊임없이 앞서 나가는 새로운 음악, 완벽한 무대를 만들어나가는 조용필의 저력, 거기에 아주 오랫동안 조용필의 음악 활동을 지켜보며 절대적인 지지와 성원을 아끼지 않는 팬덤이 있었기에 달성할 수 있었다. 조용필 팬클럽 연합이 50주년을 기념해 강남역 인근 건물 외벽에 설치했던 옥외광고 문구가 이를 잘 말해준다.

"조용필! 음악은 그의 삶이었고, 그의 음악은 우리의 삶이 되었다. 당신의 열정을 응원합니다."

오늘날까지도 조용필의 여러 팬클럽들이 활발하게 활동하고 있다. 그 팬덤 속에는 '필'을 사랑하는 침묵의 다수가 존재할 것이다. 또 조용필을 그리다 못해 정신과 치료까지 받던 그 시절 여학생이 공연장 한구석에 조용히 앉아 있을 수도 있다는 생각이 든다.

아시안 팝스의 원조
조용필

1980년대 초 조용필의 일본 기획사 교도도쿄(共同東京)는 조용필을 비롯한 아시아의 톱 가수들을 모아 '팍스 뮤지카(PAX MUSICA)'라는 범아시아 콘서트를 추진했다. 라틴어에서 차용한 팍스 뮤지카는 말 그대로 '음악을 통한 평화'였다. 이 공연은 1984년 7월 11일 일본 도쿄 고라쿠엔 구장에서 막을 올렸다. 고라쿠엔 구장은 훗날 도쿄 돔이 된 일본의 대표 구장이자 공연장이다. 조용필은 일본의 다니무라 신지, 홍콩의 알란 탐 등 최고의 아시아 가수들과 한 무대에 올랐다.

이 콘서트를 위해 작곡된 〈아시아의 불꽃〉을 노래하고, 조용필의 노래 〈친구여〉를 세 사람이 함께 손을 잡고 불렀다. 이때는 2만 5천여 관객들이 모두 일어나 손뼉 치며 환호했다. 조용필은 이날을 이렇게 회고했다.

"아시아의 모든 사람들이 하나가 되는 듯한 전율을 느꼈다. 수많은 공연을 했어도 이날처럼 온 마음을 다해 아시아인의 우정을 위해 노래를 부른 적이 없었다."

1980년대 초 세계의 대중음악은 영미의 팝이 대세였고, 아시아의 가수들은 영미 팝 가수들을 얼마나 잘 따라잡느냐가 관건이었다. 조용필도 1970년대 미8군 무대에서 무명 밴드로 활동하던 시절의 레퍼토리 대부분은 영미 팝 가수들의 히트곡들이었고, 악보도 없이 해적 음반에서 노래를 따서 기타를 연주했던 경험이 있었다. 그 당시 국내 뮤지션 실력을 평가할 때 '빠다 냄새'가 난다는 은어가 유행했는데, 팝 가수처럼 세련되게 노래 부르거나 악기를 능숙하게 잘 다룰 때 '와 빠다 냄새 나는데' 하는 찬사로 쓰였다.

조용필도 소위 '빠다 냄새'를 발산하며 노래하고 기타를 연주했던 아티스트였다. 그런데 조용필은 자신이 일본에서 크게 성공한 이유가 영미 팝을 잘 모방해서라기보다는 〈한오백년〉, 〈간양록〉 등 한국 전통 음악의 향기가 물씬 나는 '한(恨)'의 정서 때문이라고 판단했고, 유로 팝스처럼 아시안 팝스도 충분히 독자적 영역을 만들어갈 수 있으리라 확신했다. 교도도쿄 우치노 지로(內野二朗) 사장이 팍스 뮤지카 출연을 제안했을 때 기다렸다는 듯 흔쾌히 수락했던 것도 바로 이 같은 믿음 때문이었다.

'팍스 뮤지카'는 이후 홍콩, 도쿄, 서울, 싱가포르, 미국에 이르기까지 매년 열리면서 아시아 가수들의 축제 마당이 되었다. 이는 오늘날 케이팝이 일본은 물론, 동남아, 중화권 및 아시아 시장에 대대적으로 파급된 밑거름이 되기에 충분했다.

일본 톱 가수 다니무라 신지와의 우정

팍스 뮤지카를 거듭하면서 조용필이 얻은 가장 큰 자산 중 하나는 2023년 타계한 고(故) 다니무라 신지와의 우정이었다. 일본 가수 다니무라 신지는 아시아 뮤직 포럼에 함께 출연하면서 알게 되었는데 팍스 뮤지카에서 〈친구여〉를 합창하며 더욱 돈독한 우정으로 발전했다.

〈친구여〉는 1983년 조용필 5집 수록곡으로 '위대한 탄생' 원년 멤버인 고 이호준이 곡을 쓰고, 그의 아내가 학창 시절의 추억을 떠올리며 지은 글을 받아 작사한 노래다. 한 팬이 전해준 정보에 따르면 당시 지구레코드 이태경의 아내 하지영 씨가 남편이 집에 가져온 데모 테이프를 들으면서 학창 시절 옛 추억, 우정 등 떠오르는 대로 적은 글이 가사가 되었다고 한다.

이 노래는 옛 친구를 그리워하는 가사로 나이가 좀 있는 사람이라면 누구나 공감하는 노랫말이다. 애틋한 '정(情)'을 중요시하는 아시안인의 감성에 호소하는 기승전결 구성이다. 다니무라 신지가 일본어로 노래하고, 알란 탐이 광둥어로 노래를 해도 전혀 어색하지 않은 곡이었다. 조용필이 한국은 물론, 일본에서는 일본어로 직접 노래했고, 중국에서는 중국 가수들이 중국어로 불러 크게 히트했다. 1984년 팍스 뮤지카에서 조용필과 일본의 다니무라 신지, 홍콩의 알란 탐 한중일 가수가 함께한 노래는 지금도 감동으로 남아 있다.

조용필은 다니무라 신지와 가수를 넘어 인간적인 우정을 오랫동안 유지하며, 지금도 그와의 추억을 고이 지니고 있다.

> "그는 한국 가수들의 음악성과 한국 가요에 서려 있는 '한'의 감성을 부러워하며 꼭 배우고 싶어 했다. 실제로 송창식, 김태곤처럼 한국 토속적인 색채의 가수들을 일본에 초청하기도 했다."

특히 한번 친구로 사귀면 송구스러울 정도로 정성을 다해 배려하는 태도에 감동을 받았다. 우리나라 사람들이 습관적으로 쓰는 '언제 식사 한번 하자', '언제 차나 한잔하자' 같은 빈말은 절대 하지 않았다. 다니무라가 조용필에게 '집에 한번 초대를 하겠다' 하고 약속을 했는데 그의 부인이 조용필의 식성까지 사전에 파악해 오래전부터 스케줄을 다 비워놓고 있었다.

그런데 가는 날이 장날이라고 하필이면 그날 다니무라 신지의 집에 큰 우환이 생겼다. 조용필은 근심 어린 마음으로 '집안일부터 빨리 해결하라. 나중에 다시 약속을 잡자' 하고 사양했지만, 다니무라 신지는 '친구와의 약속을 어길 수는 없다. 집안의 슬픔을 친구에게 전가할 수는 없다'면서 약속을 이행했다. 다만 경황이 없는 다니무라 신지의 아내는 참석하지 못했고, 도쿄 시내의 조용한 식당을 잡아 그만 홀로 나와서 만찬을 베풀었다. 오히려 상대방을 배려하는 마음으로 아무 일도 없다는 듯, 밝은 표정으로 조용필을 대했다. 하지만 우울한 마음을 숨길 수는 없는 듯 그날따라 함께 술을 많이 마셨고, 서로가 번갈아 가며 어린 시절 고생하면서도 음악을 했던 이야기를 나눴다.

두 사람은 그날 음악을 떠나서도 진짜 친구가 되자고 약속했고, 이후 조용필이 일본에 갈 때마다 만났고, 다니무라 신지는 일부러 몇 차례 한국에 놀러 오기도 했다.

다니무라 신지는 1948년 오사카 출생으로 조용필보다 2살 형이다. 그가 데뷔 시절 겪었던 어려움이 조용필의 무명 밴드 당시 상황과 비슷해서 공감대가 더욱 형성됐다. 한번은 두 사람의 우정을 시기하듯, 말도 안 되는 악성 루머가 퍼졌다. 조용필의 히트곡 〈비련〉이 다니무라 신지의 곡이어서 그가 내심 불쾌하게 생각한다는 기사가 몇몇 일본 신문에 실린 것이다. 〈비련〉은 조용필 작사 작곡의 곡이고, 다니무라 신지는 편곡을 도와준 바 있었다. 조용필과 다니무라는 당시 만사를 제치고 이 사실을 명쾌하게 밝히면서 쓸데없는 루머들을 잠재웠다. 이에 더해 조용필은 한국 히트곡 〈황진이〉를 그에게 주었고, 다니무라는 직접 작사 작곡한 〈꽃〉이라는 노래를 조용필에게 선사했다.

이들의 교류는 계속 이어져, 2011년 다니무라가 진행한 NHK 토크쇼 〈다니무라 신지의 쇼타임〉의 1회에 조용필이 출연하기도 하고, 2013년엔 조용필의 일본 공연에 다니무라가 찾아오기도 했다. 조용필은 객석에 앉아 있던 그를 소개한 후 그들이 함께 불렀던 〈친구여〉를 불러주었다. 다니무라 신지는 안타깝게도 지난 2023년 10월 8일 만 74세의 나이로 별세했다.

홍콩 스타 성룡과의 두주불사 우정

홍콩의 무술 액션 배우 성룡도 팍스 뮤지카를 통해 가까워진 친구다. 1985년 홍콩에서 열린 팍스 뮤지카에서 첫 인사를 나눴는데, 이어서 오사카 미야코 페스티벌, 나가사키 페스티벌 등에서 연속적으로 만났다. 성룡은 조용필을 늘 아주 오래전부터 알고 지낸 사이처럼 대했는데, 특히 조용필의 노래를 듣고는 '아시아에 이렇게 대단한 가수가 있었냐'며 반색을 했다. 나중에는 〈돌아와요 부산항에〉가 그의 애창곡이 되어버렸다.

조용필과 성룡 하면 가장 먼저 떠오르는 것이 술이다. 성룡의 영화 〈취권〉처럼 그의 주량은 그야말로 두주불사였다. 조용필 역시 술 하면 누구에게도 지지 않는 주당이다 보니, 두 사람이 만나면 대

결이라도 하듯 유쾌한 술자리가 벌어졌다. 대개는 공연이 끝난 뒤풀이 자리에서 두 사람이 어울렸는데, '간빠이 간빠이' 하며 두 사람이 술잔을 부딪히면, 양주 2병이 후딱 사라졌다는 후문이다.

조용필의 아시아 시장 진출의 숨은 공신

조용필을 아시아의 스타로 만든 숨은 공신은 그때 당시 일본 최대 프로덕션이었던 교도도쿄의 우치노 지로 사장이다. 조용필은 1983년 NHK홀 콘서트 이후 일본의 여러 프로덕션에서 러브콜을 받았는데, 그중 교도도쿄를 선택하는 데에는 그리 오랜 시간이 걸리지 않았다.

당시 우치노 지로 사장은 회사보다 더 유명했다. 1956년 교도도쿄를 설립했는데, 그 당시 '브리티시 인베이전'이라는 현상을 일으키던 세계 최고의 그룹 비틀스 일본 공연을 성사시킨 장본인이었다. 이후 마이클 잭슨, 휘트니 휴스턴의 일본 공연도 그를 통해 이뤄졌다. 1988년 조용필이 죽의 장막을 뚫은 중국 공연도 그의 작품이다.

쇼비즈니스맨으로서의 경력도 중요했지만, 마지막 단계에서 조용필의 마음을 움직인 것은 그의 인간적인 측면이었다. 조용필은 그의 명성을 듣고는 그를 세련되고 고급스러운 스타일이고 까다로운 사람일 것이라고 추측했지만 그 상상은 완전히 빗나갔다. 첫 미팅 장소에 나타난 그의 모습은 흔히 볼 법한 동네 할아버지 같은 인상이었다. 외모뿐 아니라 말씨도 사업하는 사람 같지 않게 소탈하고 구수했다. 게다가 그는 그 많은 돈을 벌고도 고급 승용차를 타지 않고 택시를 이용했다. 우치노 지로 사장 본인도 '나는 원래 사업가 스타일이 아닌데, 하다 보니 여기까지 오게 됐다'고 했다.

그는 조용필에게 매니지먼트 제안을 넣게 된 계기가 〈한오백년〉 때문이라고 했다. 우연히 이 노래를 듣고 너무 감동을 받아 무조건 함께 일하고 싶었다는 것이다. 조용필도 이처럼 적극적이면서도 겸허한 그의 태도에 마음이 움직였다. 소속 연예인이 조금만 유명해지면, 기획사 사장 본인이 스타가 된 것처럼 거들먹거리는 부류들과는 다른 차원의 사람이었다. 그는 일본 최고의 매니저였으며, 일본 연예계 최고의 인맥을 자랑했다.

일본 최고의 광고회사 덴쓰의 총국장이었던 오기와라 쇼초도 '팍스 뮤지카'를 비롯한 여러 공연 스폰서를 연결하며, 큰 도움을 주었다. 오기와라는 고향이 한국이어서 조용필에게 더 각별한 정을 느낀다고 했다. 그는 일제강점기에 전북 군산에서 태어났고 해방 후에 부모와 함께 일본으로 건너갔는데, 어린 시절 추억이 있어 한국 가요를 즐겨 들었다. 조용필의 존재를 알게 된 것은 미국 출장을 갔다가 마중 나온 한국인 직원으로부터 〈창밖의 여자〉를 전해 듣고 팬이 되었다고 했다. 이후 조용필이라면 앨범이며 카세트며 다 수집을 했는데, 이런 인연으로 만나게 될 줄 몰랐다고 했다.

중국 공연 이야기

　일본 대중음악 시장에 진출해 좋은 성과를 올리던 조용필은 1984년경부터 중국 공연을 추진했다. 이는 사실 조용필이 미국 투어를 마치고 돌아오면서부터 마음에 담고 있던 구상이었다. 대중문화도 세계시장을 대상으로 해야만 살아남을 수 있다는 깨달음이었다. 세계시장의 추세에 맞춰 앞서 나가는 음악을 해야 한다는 신념도 이때부터 마음먹은 것이다.

　중국 음악 시장은 인구 면에서 보면 지구상에서 가장 큰 시장이었다. 중화권 시장 공략을 위해서는 대만, 홍콩, 싱가포르, 말레이시아 등 동남아시아 화교권을 먼저 가야 한다는 의견도 있었지만 조용필이 중국 땅에 대해 느끼는 매력은 좀 달랐다. 대한민국과 공식 수교를 맺기도 전, 중국도 아닌 중공이라고 부르던 시절, 그곳은 미지의 세계였던 것이다. 개척자 정신이 강한 조용필에게 도전해 보고 싶은 열망을 일으키기에 충분했다.

　조용필의 중국 공연은 1984년부터 여러 각도로 타진한 지 4년 만에 이뤄진 것이었다. 나가사키에서 열린 아시아 뮤직 페스티벌에 참여하던 중, 일본 소속사 교도도쿄에서 마침내 중국 비자가 나왔다는 연락이 왔다. 조용필은 기쁜 마음에 화장실에 가서 몇 번이고 쾌재를 불렀다. 그리고 찬물로 세수를 하며 냉정을 되찾았다. 가슴은 한껏 부풀었지만, 아직 거쳐야 할 절차가 산 넘어 산이었다.

　외국인의 방송 프로그램 촬영이나 공연 제작은 각 성, 자치구,

직할시의 허가를 득해야 했고, 공연 내용은 해당 방송은 물론 광전총국의 승인을 받아야 한다고 했다. 그뿐 아니라, 공산당에 보고해서 안 된다고 하면 계약서도 소용없이 모든 행사들이 다 취소된다고 했다. 그 무렵 세계적인 인기 듀오 왬Wham이 베이징 공연을 했는데, 중국 관객들이 아무런 호응도 없이 경직되어 있어서 '중국에는 절대 다시 오지 않겠다'는 말을 남기고 돌아갔다는 소문까지 돌았다. 자신감을 반감시키는 이야기였다.

중국으로 들어가기 며칠 전, 조용필은 보안 유지를 위해 아무에게도 알리지 않고 일본에서 귀국, 서울 자택으로 돌아왔다. 큰일을 앞두고 어머니 얼굴도 뵙고 집밥을 먹고 가고 싶었다. 잠시 집에 머무르는 동안 이 생각 저 생각 하며 두문불출했다. 마침내 떠나는 날, 비장의 자료 노트와 레퍼토리가 담긴 카세트를 챙겨 휴대용 가방에 담고는 어머니에게 인사를 했다.

"어머니 외국에 좀 다녀오겠습니다. 건강하게 지내세요."

당시 79세의 노모에게는 아들의 표정이 좋아 보이지 않았고 "그 위험한 데를 왜 가냐. 가지 마라" 하며 손을 잡아끌었는데, 꼬옥 잡는 어머니의 손길이 너무 강해서 왠지 발길이 떨어지지 않았다. 옆에 서 있던 여동생이 어머니에게 "오빠 일하러 가는 거예요. 걱정하지 마세요" 하자, 그제서야 손을 놓아주었다.

1988년 8월 조용필은 도쿄 나리타 공항에서 베이징행 JAL 항공기에 몸을 실었다. 비행기에는 당시 조용필의 전속 밴드 팩스, 일본 NHK 방송 스태프, KBS 스태프 등이 '화평 우호 방중단'이라는 단체 이름으로 타고 있었다. 기내에는 조용필 일행들 외에도 우연히 일본 여학생들이 함께 탑승했는데, 조용필을 보더니 환호성을 지르며 다가와서 사인을 요청했다. 덕분에 잔뜩 긴장했던 분위기가 풀리기 시작했다.

　　베이징 공항에는 AP 통신, 교도 통신, 중국 CCTV 등 많은 기자들이 나와서 카메라 플래시를 터뜨렸다. 조용필 일행을 초청한 중국 국제 우의 촉진회의 간부도 나와 환영 인사를 했다. "잘 오셨습니다. 오시느라 수고 많으셨습니다." 중국인들은 사회주의 체제 속에서 모두 다 굳은 얼굴일 걸로 생각했는데 인상이 나쁘지 않았다. 더구나 마중을 나오기 위해 일부러 한국말을 배웠다며 웃음을 짓는 모습에 따뜻함이 느껴졌다. 공항에는 귀빈들에게만 배정한다는 링컨 컨티넨탈과 벤츠 승용차가 기다리고 있었다.

　　숙소인 장성 호텔에서는 중국 국제 우의 촉진회가 주최하는 만찬이 열렸다. 조용필은 마이크를 잡고 인사를 시작했다. "우리는 같은 아시아인임에도 서구 음악 시장만 향하고 있었습니다. 이제 아시아인들이 함께할 수 있는 음악회로 새로운 길을 열겠습니다. 셰셰." 조용필이 '고맙습니다'라는 뜻의 '셰셰' 하는 중국어로 인사를 하자 중국 관계자들이 뜨거운 박수로 화답했다.

다음 날 새벽에는 말로만 듣던 만리장성에 올랐다. KBS TV가 촬영 중이었는데 당시 중국 최고 인기 가수 후이닝이 와서 반갑게 인사를 했다. 조용필은 통기타를 메고 〈친구여〉를 노래했고, 후이닝이 옆에서 허밍과 코러스를 넣어주는 장면이 연출됐다. 새벽부터 만리장성에 올라가 한 폭의 산수화 같은 절경을 둘러보고 나니, 일행 모두들 대자연의 기운을 받았는지 생생한 표정들이었다.

내친김에 조용필 일행은 등소평의 딸 등림이 회장으로 있는 동방미술학회에 방문했다. 이곳에서는 중국 전통음악단의 공연과 곡예 등 중국적인 퍼포먼스를 볼 수 있었다. 12줄로 된 현악기가 만들어내는 소리는 중국 전통음악의 진가를 여실히 보여주었다. 특히 기타리스트 출신 조용필의 눈에는 남다른 감흥을 일으켰다. 서양 음악은 화음을 기반으로 한다면, 동양 음악은 단음이지만 끊임없이 진동한다는 사실을 발견했다. 마치 기타줄을 끌어올려 변화를 주는 연주 기법 '벤딩' 같지만, 그 음폭이나 변화무쌍함은 경험해보지 못한 새로운 차원의 소리였다.

음악회를 마치고 나서는 한중 양국 미술품을 교류하는 역사적인 자리를 가졌다. 조용필 측은 미술교류학회에서 준비한 운보 김기창 화백의 산수화를, 중국 측 동방미술학회에서는 동양화집을 선사했다.

이날 밤에는 중국의 세계적인 체조선수 리닝이 숙소로 찾아왔다. 86 아시안게임 때 리닝이 '조용필 팬이다. 그의 노래를 들으면서 훈련한다'는 방송 인터뷰를 한 적이 있는데, 현지에서 찾아올 줄은 몰랐다. 마치 오랜 친구를 만난 듯한 친근감이 느껴졌다. 리닝은 '조용필 선생님은 여기서도 큰 인기가 있다'고 하며 너무 반가워했다. 조용필은 '곧 있을 서울올림픽 때 꼭 다시 만나자'고 했다.

중국 사회주의 상징인 천안문 광장도 둘러보았다. 요즘은 중국 여행을 가면 누구나 가볼 수 있는 곳이지만, 당시에는 '가깝지만 먼 나라'였던 탓에 약간의 긴장감마저 감돌았다. 천안문 광장에 대한 현지 관계자 설명이 이어졌는데, 세계 최대 규모의 광장으로 약 440만 제곱미터 면적이며, 네모진 사각 블록이 150만 개라고 했다. 인민이 모이는 행사 때 150만 명이 그 사각 블록에 한 명씩 서면 딱 맞는다고 했다. 일행들은 '사회주의를 상징하는 사례'라며 고개를 끄덕였다. 천안문 광장에서도 TV 녹화를 하려 했는데, 그날 따라 지방에서 올라왔다는 중국 사람들이 너무 많아 촬영을 포기하고 둘러보기만 했다.

다니던 중 우연히 연변대학 일어과 교수라는 동포를 만났는데, 일행들이 '한국 방송국에서 왔다. 혹시 가수 조용필을 아느냐'고 묻자, 〈돌아와요 부산항에〉는 연변에서 모르는 사람이 없다며 늘 즐겨 부르는 노래라고 반가워했다. 조용필이 시치미를 뚝 떼고 가만히 있다가, '내가 바로 조용필입니다' 하자, 깜짝 놀라면서 영광이라며 기뻐했다.

공연 취소 위기

비교적 순탄하게 진행되던 일정은 중국 입국 4일 차에 갑자기 제동이 걸렸다. 원래 공연 장소인 국영 북경 호텔에서 공연이 안 될 것 같다는 불길한 소식이 전해졌다. 당초 중국 공연을 추진하던 과정에서 내심 우려했던 부분이 현실화되고 있었다. 결국 북경 호텔은 알 수 없는 이유로 취소가 되었고, 그 대안으로 숙소인 장성 호텔을 타진 중이라는 전언이 다시 돌아왔다. 아직 취소 소식을 듣지 못한 현장 스태프들은 이미 공연 예정 장소였던 북경 호텔 대연회장에서 뚝딱뚝딱 망치질을 하며 무대를 세팅하고 있었다. 조용필 일행은 이러지도 저러지도 못하고, 한숨만 쉬며 현장을 지켜보았다. 공연이 취소되었으니 철수하자는 말을 차마 꺼내기가 싫었다. 실낱같은 희망이지만 조금만 더 기다려보자는 생각이었다.

'만일 모든 게 취소되면 아예 천안문 광장에 통기타 둘러메고 나가 〈서울 서울 서울〉을 노래를 부르겠다.' 조용필은 마음속으로 이런 궁리까지 하고 있었다. 말하자면 천안문 광장 버스킹이었다. 사회주의국가에서 이러한 시도가 더 힘들 것이라는 사실을 아는 데는 많은 시간이 필요하지 않았다.

하지만 신은 한쪽 문을 닫으면 반드시 다른 쪽 문을 연다고 했던가. 저녁 무렵이 다 되어서 중국 측과 교섭하던 일본 교도도쿄 직원에게서 연락이 왔다. 중국 당국에서 마지막 순간까지 난색을 표했으나 장성 호텔과 합작사 기업인 미국 쉐라톤 호텔 측을 통해 간신히 대관을 할 수 있었다는 것이었다. 조용필은 그제서야 북경 호텔에 무대를 준비 중이던 스태프들에게 자초지종을 알렸다. 모두 놀라고 낙담했지만 중국이 워낙 어려운 곳이라는 각오를 하고 온지라, 플랜 B라도 이뤄진 것에 안도했다. 대신 조용필과 스태프들은 코앞에 닥친 공연을 위해 밤을 새워 새롭게 무대 세팅을 해야 했다. 그럼에도 모두 피곤한 기색 없이 즐겁게 작업했다.

우여곡절 끝에 마침내 저녁 6시 15분 중국 북경 장성 호텔에 약 2,000명 관객이 모인 가운데 드디어 공연의 막이 올랐다. 사회는 북경에 온 이후 줄곧 조용필의 통역을 맡아오던 동포가 맡았다. 이름은 김정복, 당시 나이 18세로 북경 시내 한 식당에서 일을 한다고 했다. 평안도 사투리가 섞여 있는 말투에 한국에 대해서 많은 관심을 보였다. 어떤 경로로 조용필의 통역을 맡게 되었는지는 궁금했지만, 모두들 예의상 캐묻지는 않았다.

오후 8시 30분, 통역의 인사로 시작해 마이크를 넘겨받은 조용필이 중국어로 인사를 했다.

> "여러분, 안녕하십니까. 한국의 수도 한성(서울)에서 온 조용필입니다.
> 만나 뵙게 되어 반갑습니다."

첫 곡은 〈정선 아리랑〉이었고, 이어서 〈한오백년〉, 〈강원도 아리랑〉 등 한국적인 느낌이 짙은 노래를 불렀다. 일본 무대에서 부르기만 하면 관객들이 눈물을 훔치던 노래라, 같은 아시아권인 중국에서도 잘 통할 거라 기대했는데, 아무 반응이 없었다. 나라마다 정서가 다르다는 사실을 알게 되는 순간이었다. 조금 당황해서 중국어로 노래 부를 때 가사를 잊어버리기도 했는데, 관객들은 눈치채지 못한 듯했다.

네 번째 곡 〈돌아와요 부산항에〉이 시작되고 한두 소절이 지나자 놀랍게도 한두 명씩 따라 부르더니, 노래가 끝날 무렵에는 모두가 합창을 하고 있었다. 조용필은 긴장이 풀리면서 객석의 광경이 눈에 들어오기 시작했다. 중국어로 '쩐마양(어때요)' 하고 묻자, 객석에서 폭소가 터져 나왔다.

중국 가수 후이닝이 깜짝 등장, 〈친구여〉를 듀엣으로 노래할 무렵에는 더욱 공연이 무르익었다. 조용필이 후이닝을 위해 만들었다며 즉석에서 〈우정〉이라는 곡을 선사하자 더욱 뜨거운 박수가 터져 나왔다. 피날레는 〈서울 서울 서울〉이었다. 불안한 마음으로 중국으로 떠나오면서 머릿속에서 그리던 감동의 장면이 실지로 연출되고 있었다.

관객들의 앙코르와 기립 박수가 공연장을 떠나갈 듯 울렸지만, 모든 스태프들이 축제 분위기에 휩쓸려 무대로 다 몰려나오는 바람에 앙코르곡을 부르지는 못했다. '해냈다'는 기쁨에 무대 뒤로 돌아와 마시는 생수는 그 어느 때보다도 시원했다.

미지의 땅 중국에서 느낀 동포애

통역을 맡아 닷새 동안 한시도 떨어지지 않고 조용필을 수행했던 김정복 양은 처음 만난 날부터 '이게 꿈인지 생시인지 모르겠다'고 감격했다. 천안문 광장, 만리장성, 북경 시내를 오가며 우연히 만나는 동포들은 한결같이 '조용필 선생님을 이렇게 만날 줄 몰랐다'며 반가워하다 못해 눈물까지 흘렸다. 그들은 '조 선생님 얼굴은 잘 몰라도, 홍콩과 일본에서 유입되는 복사 카세트테이프로 노래를 즐겨 듣고 있다'고 했다. 정치적인 환경은 아무리 달라도 음악과 예술에는 이데올로기와 국경이 없었다.

마지막 순간까지 긴장을 늦출 수 없었던 공연이 성공적으로 끝나고 헤어질 시간이 다가오면서, 가장 섭섭해하는 사람은 바로 김정복 양이었다. 처음에는 조금 서먹하고 경계하는 듯한 인상도 있었지만, 떠나기 전날 호텔 방에서 스태프들과 조촐한 자축 파티를 할 때는 가슴에 품었던 말을 다 들려주었다.

조용필은 18세의 나이 어린 소녀가 그 자리에서 문득 꺼냈던 말이 아직도 귓가에 생생하다고 한다. "조용필 선생님 노래를 들을 때마다 왜 우리 민족이 둘로 나뉘어 한쪽은 조 선생님의 노래를 마음껏 들으며 즐기지만, 다른 한쪽은 왜 그리하지 못하는지 알 수가 없습네다. 그래서 조 선생님 노래를 들으면 들을수록 더 눈물이 납네다." 이 말에 그 자리에 있던 스태프들이 모두 가슴 뭉클함을 느꼈다.

떠나는 날은 아침부터 비가 내렸다. 북경 국제공항에서 홍콩으로 가 88 미스 홍콩 선발 대회 참석을 거쳐 김포공항으로 귀국하는 일정이었다. 김정복 양과는 숙소인 장성 호텔 현관에서 작별하려고 했으나, 너무나 서글프게 울어서 공항까지 함께 데리고 가서야 헤어질 수 있었다.

서울에 돌아오고 나서 중국 국영 CCTV에서 근무한다는 김 양의 오빠가 국제전화로 전화를 해와서 통화를 했는데, 전화를 넘겨받은 김 양은 목이 메어 이야기는 몇 마디 못 하고 그저 울먹이다 전화를 끊었다.

조용필이 민족 분단의 아픔을 피부로 느낀 시간들이었다.

조용필과
위대한 탄생

밴드 '위대한 탄생'은 조용필의 또 다른 이름이라 해도 과언이 아니다. 1980년대에 결성되어 대한민국 최고의 뮤지션들이 위대한 탄생을 거쳐 갔으며, 현재 최희선(기타), 이태윤(베이스), 최태완(건반), 김선중(드럼), 이종욱(건반)에 이르기까지 한국 최장수이자 최강의 밴드 자리를 지키고 있다.

위대한 탄생이 40년이 훌쩍 넘는 세월을 조용필과 함께 슈퍼 밴드의 자리를 유지하는 이유는 완벽한 사운드 때문이다. 늘 진화하는 음악 때문이다. 각 포지션의 실력이 업계 최고 수준인 것은 물론, 같은 곡이라도 매번 공연할 레퍼토리를 일일이 다 편곡하고 구성해서 새로움을 선사한다. 끊임없이 앞서가는 음악을 추구하는 조용필과 쏙 빼닮았다. 처음부터 당대 최고의 뮤지션들을 선발, 가요게 최고 수준의 악기와 장비와 시스템들로 이상적인 라이브 무대를 연출하는 것이다.

조용필 콘서트는 엄청난 예산으로 유명하다. 국내 일반적인 공연의 4~5배 규모로, 총예산이 한 해 100억 원에 가깝다. 공연의 완성도를 높이기 위해서는 이익도 고려하지 않고 쏟아붓는 게 아닐까 할 정도다. 조용필과 위대한 탄생은 해외 유명 밴드들도 잘 시도하지 못하는 무빙 스테이지를 2010년 도입했다. 너비 120m, 높이 33m의 초대형 무대는 잠실 주경기장 80m를 앞뒤로 오간다. 잠실 주경기장 콘서트에서 멀리 떨어진 객석을 위해 무빙 스테이지를 타고 객석과 조금이라도 더 가까이에서 호흡하기 위해 노력하는 광경은 어느새 조용필 콘서트만의 명물이 되었다.

위대한 탄생의 완성도 높은 공연은 하루이틀 사이에 이뤄진 것이 아니다. 수십 년을 함께 해오며 아주 미세한 부분까지 쌓여온 노하우의 집대성이다. 그리고 그 오랜 시간을 흔들림 없이 이어가는 것은 밴드마스터 조용필이 업계 최고의 대우도 있겠지만 가족 사랑의 마음으로 서로를 배려하기 때문이다.

'위대한 탄생'의 태동

조용필과 위대한 탄생의 시작점은 〈창밖의 여자〉가 폭발적인 인기를 얻고 방송 섭외가 밀려들고 있을 무렵이었다. 3년 가까이 두문불출하다가 다시 팬들 앞에 서려고 하니 조용필은 엄두가 나지 않았다. 은퇴 선언까지 하고 사라졌는데, 옛 모습 그대로 나타난다는 것이 어색했다. 큰 시련을 겪고 다시 나오는 만큼, 이미지와 실력 모두 화끈한 변신이 필요했다. 그 무렵 '조용필과 그림자' 밴드 시절 함께 활동하며, 매니저 역할까지 했던 유재학 씨가 또다시 매니저를 자청하며 나섰다.

그때 함께 생각해낸 이름이 '위대한 탄생'이다. 어려움을 극복하고 위대하게 다시 태어났다는 뜻이다. 조용필과 그림자는 '그림자'라는 단어에서 암울함이 연상되는 것 같아서 그만 쓰기로 했다. 조용필과 유재학 사장은 이때부터 국내 최고 밴드를 결성한다는 일념으로 다운타운 최고 실력의 뮤지션 영입 작업에 들어갔다. 그렇게 1979년 결성된 원조 위대한 탄생은 건반에 '동방의 빛'에서 피아노를 연주하던 이호준, 기타에 미8군 무대 출신 곽경욱, 베이스에 그룹 '밥벌레' 출신 김택환, 스트링에 '조용필과 그림자' 시절 함께 활동하던 김청산, 드럼에 '검은 나비' 출신 이건태, 그리고 리드 보컬 겸 기타 조용필이었다. 이들은 당시 유명 나이트클럽에서 한가락 하던 최정예 멤버들로 밴드계의 '어벤저스'였다.

소문이 나면서 방송국 섭외가 계속 들어왔지만, 당장 무대에서 서기에는 무리였다. 구슬이 서 말이라도 꿰어야 보배라는 말이 있듯, 최고의 실력자들을 끌어모은 위대한 탄생은 팀워크가 가장 중요했다. 멤버들에게는 합동 연습이 필요했다. 위대한 탄생은 북한산 기슭에 낡은 창고 하나를 연습실로 빌렸다. 아무리 두드려 깨고 소리를 질러도 걱정이 없는 장소였다. 그리고 산속에서 자연인처럼 살았다. 라면으로 끼니를 이어가면서도, 국내 최고의 밴드를 만들겠다는 희망으로 배고픈 줄도 몰랐다. 각자 연습도 중요하지만, 위대한 탄생 이름에 걸맞은 사운드가 나오기 전에는 절대 산에서 나가지 않겠다며 지옥 훈련을 거듭했다.

그러기를 수개월, 위대한 탄생은 어떤 무대든 한 시간 이상 연주하고 노래할 준비가 완료되었다. 음반 취입부터 시작했다. 수입이 없어서 힘들었지만 밤무대 출연은 당분간 참기로 하고, 방송 출연도 뒤로 미뤘다. 우선은 레코드사에서 〈창밖의 여자〉, 〈단발머리〉, 〈촛불〉 등을 취입했다. 당시 많이 사용하던 관악기는 철저히 배제하고 전자 키보드 악기를 사용하며 새로운 트렌드를 주도했다.

신시사이저 도입으로 비틀스 따라잡기

조용필의 앞서 나가는 음악은 신시사이저(synthesizer)의 과감한 도입에서 비롯되었다. 신시사이저는 전자음을 합성해 소리를 만들거나 변형시키는 새로운 악기 시스템으로, 1969년 비틀스의 마지막 앨범 〈애비 로드(Abbey Road)〉에서 시작되어, 1970년대 초 핑크 플로이드, 에머슨 레이크&파머, 크라프트베르크, 탠저린 드림, 반젤리스 등이 본격적으로 시도했다. 1980~1990년대에는 신스팝, 테크노, 하우스, 트랜스 등 대세로 자리를 잡았다. 한국 대중음악계에서는 조용필이 선구자적 역할을 해냈다.

조용필의 초창기 음악인 〈돌아와요 부산항에〉와 〈창밖의 여자〉까지는 기타 중심 사운드였으나, 1980년대 초 위대한 탄생이 결성되면서 신시사이저를 적극 활용했다. 이때부터 조용필과 위대한 탄생에는 건반 주자가 2명 이상 포진하는 모습을 보인다. 〈단발머리〉의 '뽕뽕뽕' 하는 사운드가 신시사이저의 소리다. 가요계에서는 신해철이 1988년 대학가요제에 신시사이저를 들고 나와 〈그대에게〉를 부르며 대상을 수상, 눈도장을 찍었고, 015B, 윤상 등이 신스 팝 흐름에 동참했다. 건반으로 1980년대 국내 최고의 스튜디오 뮤지션 이호준을 영입해 만든 5집 앨범은 한국적 정서의 〈한강〉, 〈황진이〉부터 스탠더드 팝 〈친구여〉를 비롯해 록, 가곡, 트로트, 민요 등 폭넓은 장르의 음악을 창조해내고 있다. 그 소리는 당시 일반 대중들이 한 번도 경험해보지 못했던 미지의 세계였고, 그 저변에는 신시사이저가 있었던 것이다.

위대한 탄생의 다른 강점은 멤버들이 코러스 역할까지 감당한다는 것이다. 사람이 부르는 소리는 또 하나의 악기라는 말이 있다. 그래서 클래식 음악에서는 성악을 노래한다고 하지 않고 연주한다고 말하기도 한다. 조용필과 위대한 탄생 라이브 콘서트 무대를 유심히 보면, 각 연주자들 앞에도 항상 마이크가 설치되어 있는 것을 볼 수 있다. 물론 전문 코러스가 고품질 하모니를 넣어주지만 각 멤버들도 따로 시간을 내서 발성 연습을 했다.

〈토토즐〉, 〈가요 대행진〉 양대 방송 간판 쇼 프로그램 데뷔

조용필과 위대한 탄생은 1980년 2월, MBC 〈토요일 토요일 밤에〉에서 '조용필 컴백 특집'을 통해 화려하게 돌아왔다. 어려움을 딛고 다시 모습을 보이는 조용필에 대한 기대감, 그리고 '위대한 탄생'이라는 밴드가 〈토토즐〉에 출연하는 것은, 그 무렵 연예계 최대의 관심사였다. 당시 예능 쪽으로는 가장 앞서간다고 자부하던 MBC는 최고의 스태프와 시스템을 〈토토즐〉에 집중시켰다. 기획과 연출 관련 미팅이 수차례 열리며, 그때마다 방송 가요 담당 기자들은 그 내용을 미리 알기 위한 취재 경쟁을 벌였다.

드디어 〈토토즐〉 녹화일, MBC 관현악단이 무대 아래서 함께 하는 가운데, 진행자인 이택림과 오정선이 위대한 탄생의 이름을 부르며 힘찬 박수를 유도했다. 무대에 오른 조용필과 위대한 탄생은 〈돌아와요 부산항에〉로 새 출발을 알렸다. 조용필은 〈한오백년〉, 〈새타령〉 등 전통 민요를 위대한 탄생의 기타 반주와 함께 노래하며 신선한 충격을 안겼다. 전에는 누구도 시도하지 않았던 국악과 양악의 융합 무대였다. 그리고 미8군 쇼 무대에서 매일 밤새도록 노래하고 연주했던 팝송 레퍼토리를 원 없이 열창했다. 이미자, 이은하 등 당대 최고 인기 가수가 게스트로 출연하며, 조용필의 귀환을 축하했다. 조용필과 위대한 탄생이 가요계의 지형을 바꾸는 서막이었다.

설 연휴 연이어 방송된 KBS TV 〈가요 대행진〉은 조용필과 위대한 탄생의 열기를 더욱 가속했다. 이날 예능 베테랑 진필홍 PD가 연출한 〈가요 대행진〉은 높은 시청률을 기록하며 엄청난 파문을 일으켰다. 위대한 탄생의 새로운 역사가 시작되고 있었다. 진필홍 PD는 조용필의 활동 초창기에 많은 도움을 준 사람이다. 1979년 조용필의 방송 활동이 풀리기도 전에 자청해서 대한극장에서 쇼 무대를 열어주었다. 당시 공연이 기대만큼 반응을 얻지는 못했지만 '실패는 성공의 어머니'라고 조용필의 어깨를 두드리며 격려를 해주었던 사람이다. 명 연출가로, 퇴직 후에도 KBS 〈가요무대〉, 〈콘서트 7080〉 자문위원을 하시며 돌아가시는 날까지 일을 하시다가 세상을 떠난 전설의 예능 PD다.

위대한 탄생은 이후 수많은 뮤지션 실력자들이 거쳐 가며 늘 앞서가는 밴드로 진화를 거듭했다. 1983년 일본 NHK홀 공연을 앞두고 키보드 이호준을 비롯, 베이스 송홍섭, 키보드 변성용, 기타 김석규, 드럼 백천남, 키보드 유상윤 등으로 밴드를 재결성했다.

1988년까지는 이호준과 송홍섭을 주축으로 해서 드러머 김희현, 유재하, 정원영, 봄여름가을겨울 김종진, 전태관, 사랑과평화 최이철, 임동신 등이 거쳐 갔고, 이들은 나중에 모두 유명한 아티스트로 이름을 날린다.

조용필과 위대한 탄생은 방송, 공연, 디너쇼 등 국내 스케줄은 물론, 미국, 일본 등 해외 공연까지 10년간을 동고동락했다. 조용필의 분신이나 다름없었다. 그런 위대한 탄생이 1989년 5월 올림픽 체조 경기장에서 열린 '아시아 효 에이드 공연'을 마지막으로 휴지기에 들어간다.

조용필은 이 무렵 일본 뮤지션 7명으로 '괜찮아요'라는 밴드를 결성한다. 괜찮아요 밴드는 팍스 뮤지카 90, 베이징 아시안게임 전야제 공연, '추억 속의 재회' 공연, 일본 전국 순회공연 등을 함께 한다. 이 밴드는 당시 한국 밴드들과는 다른 새롭고도 깔끔한 사운드를 구사했는데, 조용필 10집 Part 2에도 참여한다.

1992년에는 '뮤직 파티'라는 7인조 밴드를 결성해 KBS 2TV 〈토요대행진〉을 통해 선을 보인다. 이 팀은 1993년 부산 해운대 백사장에서 열린 '조용필 비치 콘서트'에서 꽤 차별화된 사운드로 주목을 받는다. 조용필은 뮤직 파티를 백밴드로 늘 동반하며, 많은 활동을 펼쳤으나, 위대한 탄생을 승계한다고 공표하진 않았다. 뮤직 파티는 1993년 6월 미국 애틀랜틱시티 교포 위문공연을 마지막으로 해체된다.

위대한 탄생의 재탄생

위대한 탄생은 1993년 9월 재결성됐다. 조용필은 1993년 10월 25주년 콘서트가 잡혀 있었으며, 이듬해 3월 25일 63빌딩에서 결혼식을 올리는 등 신상에 큰 변화가 있었다. 이 무렵 돌이켜보니, 위대한 탄생으로 활동하던 시간이 그 어떤 시기보다도 소중하게 여겨졌다. 새로이 가정을 꾸리며 그의 분신이었던 위대한 탄생도 함께 새 출발하고픈 마음이 들었던 것일까? 조용필은 오랜만에 위대한 탄생 초창기 멤버였던 드러머 김희현에게 연락을 취해 팀을 재결성할 수 있도록 리더의 역할을 맡겼다. 김희현은 당시 최고의 실력을 구가하던 기타 최희선, 베이스 이태윤, 건반 최태완, 키보드 한정호, 김영길 등으로 새 라인업을 짰다.

1993년 10월 열린 조용필 가요 생활 25주년 빅 콘서트 '혼(魂)의 소리'는 위대한 탄생의 컴백 일성이었다. 1994년 2월 하와이 공연, 5월 7일 부산 해운대 특설 무대에서 열린 '조용필 해변 콘서트'가 이어졌으며, 6월에 발표한 조용필 15집 앨범에는 위대한 탄생 멤버들의 얼굴이 담겼다. 조용필 앨범 재킷에 위대한 탄생과 함께 찍은 이미지가 들어간 것은 이때가 처음이었다. 이는 조용필이 위대한 탄생 팀에 보낸 깊은 믿음과 애정의 메시지였다.

이후 리더였던 김희현이 홀연 KBS 관현악단으로 옮기면서 위대한 탄생은 또다시 새로운 체제를 구축한다. 기타 최희선, 베이스 이태윤, 피아노 최태완, 키보드 이종욱, 드럼 이건태 등이 당시 라인업이다. 김희현에 이어 새롭게 리더를 맡은 최희선은 록 음악 전문 기타리스트일뿐 아니라, 레코딩 음악 편곡가로 사운드의 큰 그림을 지휘할 수 있는 능력의 소유자였다. 우선 라이브 콘서트 전문 밴드로서 관객들의 흥을 돋울 수 있는 본격 록 버전으로 여러 곡을 편곡했다. 그렇게 탄생한 대표곡이 〈여행을 떠나요〉다. 조용필 데뷔

30주년 기념 베스트 앨범에서는 무려 30여 곡을 새로운 편곡으로 재녹음했다. 이처럼 다양하고 완벽한 콘텐츠를 보유하고 있다 보니, 이후 진행된 어떤 형태의 콘서트도 문제없이 해낼 수 있었다.

운영 시스템에도 획기적인 변화를 주었다. 대개 밴드가 오래가지 못하는 큰 이유로 멤버들간 소통의 부재를 꼽는 경우가 많은데, 최희선은 무엇보다도 조용필의 마음을 잘 읽고 위대한 탄생 멤버들과의 통로 역할도 잘 해냈다. 최희선, 이태윤, 최태완은 2003년 10월 위대한 탄생 재결성 10주년 때 팬들로부터 감사패를 받기도 했다.

가장 중요한 것은 믿음이다. 조용필과 위대한 탄생은 가족 같은 마음으로 서로를 대한다. 멤버들은 조용필을 큰 형님으로 존경하고, 조용필은 멤버들을 친동생처럼 대한다.

기자 시절 이들이 한 가족이라는 느낌을 피부로 느낀 적이 있다. 위대한 탄생 멤버들의 생일잔치에 초대받았을 때였다. 멤버들과 함께 저녁 식사를 하고 노래방에 가서 생일 케이크를 자르며 〈해피 버스데이〉를 함께 불렀다. 조용필과 돌아가며 덕담 한마디씩 하고, 노래도 좀 하라고 하면 모두 순진무구한 웃음을 띠며 노래를 한 곡씩 불렀다. 나도 약간은 어색한 분위기를 띄우려고 나가서 노래 몇 곡을 부르고 위대한 탄생 멤버들에게 앙코르까지 받았다. '가요 전문 기자는 노래도 잘해야 돼'라는 찬사까지 들었다. 그 시절 남자들끼리 하는 생일 축하 자리라면 소주 한잔하고, 폭탄주로 '광란의 밤'을 새우는 문화가 있었는데, 위대한 탄생은 너무 건전하다 못해 거의 '아동틱'해서 담백했던 것 같다.

> "나는 참 인복이 많은 사람이다. 오늘날 내가 음악적으로 성장하고, 이 자리에 오기까지 항상 '위대한 탄생'이 함께했다."

조용필은 신문 인터뷰에서 털어놓았다.

> "내 목소리가 선천적이냐 후천적이냐 묻는 사람들이 있는데, 후천적인 연습의 결과다. 부단히 연구하고 노력하는 '위대한 탄생' 멤버들과 보조를 맞추려면 나 역시 피나는 연습을 할 수밖에 없었다."

조용필은 겸허한 자세로 고백했다.

조용필이 팀워크를 다지기 위해 또 한 가지 이용했던 중요한 방식은 골프장 회동이다. 멤버들 전원에게 최고급 골프 세트를 선물하고, 무대에서 나누지 못했던 이야기를 필드 위에서 나눴다.

대한민국 최장수 밴드 '조용필과 위대한 탄생'. 2023년은 '위대한 탄생' 데뷔 43주년이다. 1993년 재결성 후 어언 30년이다. '조용필과 위대한 탄생' 멤버들은 천재지변이 없는 한 역사는 계속된다고 믿음을 갖고 있다.

그 사랑
한이 되어

〈돌아와요 부산항에〉, 〈창밖의 여자〉가 크게 히트하고 모든 방송사의 가요 대상을 휩쓰는 등 조용필의 인기가 급상승하던 어느 날이었다. 모 영화사에서 영화 출연 제의가 들어왔다. 이제 막 가수로서 발돋움해서 대중 가수의 인기가 무엇인지 조금 알게 되었는데, 영화까지 출연하라니 너무 뜻밖이었다. 방송 출연에, 밤무대에, 음악 작업에, 몸이 열 개라도 부족할 정도로 바빠서 영화 출연에 시간을 내기는 힘든 상황이었다.

그런데도 영화사는 '로맨스 같은 일반 극영화를 찍겠다는 게 아니라, 온갖 고초를 겪으면서도 오늘날 자타공인 톱 가수로 성공한 이야기를 그리려는 것'이라면서 집요하게 제안을 해왔다. 게다가 업계 최고 수준으로 개런티를 주겠다는 것이었다.

조용필은 계속 사양을 했으나 결국 승낙을 하고 말았다. 영화사가 자신의 인생을 성공으로 인정해준다는 사실이 너무 감사했고, 영화배우로서는 신인이나 다름없는데 계속 거절하는 것이 건방지게 비칠 수도 있겠다 싶었기 때문이다.

이형표 감독의 영화 제목은 〈그 사랑 한이 되어〉, 상대는 1970년대 후반부터 정윤희, 장미희와 함께 여배우 트로이카로 불리던 유지인과 명품 중견배우 박근형이었다. 조용필이 기지촌 무명 가수로 떠돌며 인생의 굴곡을 겪지만 착한 여성을 만나 사랑을 하고, 그 힘으로 일어선다는 내용이었다. 처음에는 자신감과 의욕을 갖고 시작했으나 하나부터 열까지 모두 낯선 일의 연속이었다.

얼굴에 분장을 하는 것부터 쉽지 않았다. 연기자들이 분장하는 모습을 어깨너머로 본 적이 있어 대충 비슷하게 하고서 촬영장으로 들어서니 스태프들이 배를 잡고 웃었다. 서커스 광대 같다는 것이었다. 베테랑 배우 박근형이 분장을 고쳐줘 간신히 촬영에 임할 수 있었다. 단 한 번도 연기를 해본 적 없는 조용필로서는 사실 당연한 일이었다. 게다가 대본을 보니 키스신에 베드신마저 있는 게 아닌가.

통사정해서 베드신은 뺄 수 있었지만, 키스신은 어쩔 수 없었다. 러브신을 키스 장면 없이 연출한다는 것은 불가능했다. 서로 대화를 잘 하다가도, 여배우의 입술에 키스를 하려고 하면 너무 어색한 표정이 되었다. 수십 번 NG를 거듭하자 보다 못한 영화감독이 조용필을 불러 조언을 했다.

"연기를 한다고 생각하지 말고, 실제로 여배우를 깊이 사랑하고 있다는
상상을 해봐."

조용필은 눈을 감고, 그대로 상상했다. 그러고 나서 바로 오케이
사인을 받을 수 있었다. 노래와 연기는 물론, 모든 활동이 진정성이
있어야만 감동을 얻을 수 있다는 사실을 배웠다.

촬영 도중 큰일이 날 뻔한 해프닝도 있었다. 조용필이 워낙 음반
취입과 방송 스케줄이 많다 보니, 불과 18일이라는 말도 안 되는
일정으로 촬영을 강행할 수밖에 없었다. 극중 무대에서 노래를 부
르다가 쓰러져 병원으로 실려 가는 장면이 있었다. 아무런 대사 없
이 그냥 누워서 수액을 맞으며 병상에 누워 있는 연기였다. 조용필
은 이때 연출자에게 '그냥 흉내만 낼 게 아니라, 실제로 수액을 맞
으며 누워 있겠다'고 제안을 했다. 겸사겸사 실감나는 연기도 펼치
고 모처럼 휴식도 취하자는 생각이었다. 계획대로 촬영이 진행되
었고, 몰려드는 피로감에 수액을 맞으면서 이내 잠이 들었다. 누군
가 흔들어 깨워서 일어나 보니, 영화감독, 유지인, 박근형과 스태프
들이 걱정스러운 얼굴로 조용필을 내려다보고 있었다.

연출진은 당시 수액 주사를 놓고 촬영분을 완료한 다음, 푹 쉬라
는 생각으로 나갔다가 한참 후 돌아왔는데, 조용필이 거칠게 숨을

몰아쉬며 경련까지 일으키고 있었던 것이다. 이에 의사와 간호사들이 달려와 응급조치를 해서 의식이 돌아왔다. 예기치 않았던 크고 작은 해프닝 끝에 영화 촬영은 끝이 나고, 1981년 초 드디어 서울 한복판 중앙극장에서 영화가 개봉됐다. 조용필은 시사회에 참석하고 나서 스크린에 비치는 자신의 어색한 모습에 더 이상 영화 출연은 않겠다고 다짐했다. 그리고 이 기회를, 한눈팔지 말고 음악에만 전념하라는 하늘의 계시라고 생각했다.

그런데 조용필 본인의 느낌과 달리 영화는 어느 정도 흥행에 성공했다. 모 영화사 대표는 배우 조용필에 대해 '연기력에 가능성이 보인다. 다음 작품은 본격 청춘 애정 영화에 캐스팅하고 싶다'라고까지 극찬을 했다. 흥행의 보증수표라는 몇몇 영화감독들은 조용필의 속도 모르고 히트곡 〈촛불〉, 〈단발머리〉를 제목으로 딴 영화 시놉시스를 보내오기도 했다. 그러나 조용필은 정중히 사양하며 '지금은 음악에 전념해야 할 때다, 영화는 그냥 팬의 자리에 남겠다'는 입장을 확실히 했다.

3부

이 세상 모든 것들을
사랑하고 노래하리

음악으로 살고
음악으로 죽는다

　　　　조용필은 음악으로 살고 음악으로 죽는다. 어떤 가수들은 음악이 삶의 한 부분일지 몰라도, 가왕 조용필에게는 음악이 인생의 전부다. 음악이 전적으로 그를 이끌어 간다. 돈도 명예도 사랑도 음악을 위해 다 내려놓는다. 나는 1980년대 말부터 1990년대에 가요 기자로 활동하면서, 음악 때문에 기쁘지만 때론 처절하게 고뇌하는 조용필을 곁에서 지켜보았다.

　1980년대 후반 강남 특급 호텔에서 열렸던 조용필 콘서트 현장으로 찾아갔던 어느 날이었다. 대기실 문을 열고 들어가니, 매니저와 스태프들이 공연 관련 논의를 하고 있었고, 목을 풀기 위해 저음부터 고음까지 질러대는 조용필의 목소리가 들렸다. 한참 후 땀을 흘리며 나온 조용필은 숨을 고르며, 피곤한 모습으로 말을 건네

왔다.

"요즘 힘도 없고, 자신도 없어. 발성 연습하는데 소리가 너무 안 나와. 오늘 공연 어떻게 할지 걱정이야. 뭐 힘 나는 것 좀 없을까."

"술 담배 너무 하셔서 그런 것 아닙니까. 뱀이라도 몇 마리 달여 드시면 어때요. 녹용도 좋고요. 운동선수들은 비시즌 되면 연례행사로 좋다는 데는 다 찾아가 보양을 한다던데요. 그렇게 해야 시즌 동안 버틸 수 있답니다."

나는 웃으면서 농담으로 말했다. 그런데 눈치를 보니 엄살로 보이지 않고 진짜 힘들어 보였다. 뻔한 덕담밖에 할 수 없었다. 그러자 조용필이 물었다.

"그래도 무대에 서면 또 잘하시잖아요. 잘될 거예요. 힘내세요."

"아니야. 갈수록 힘들어. 홍성규 기자가 보기엔 내가 언제까지 무대에서 노래를 할 수 있을 것 같아?"

"무슨 말씀이세요. 아주 오래오래 몇십 년은 더 하셔야지요."

이 이상으로 할 수 있는 격려의 말이 없었다.

잠시 후 나는 걱정스러운 마음으로 객석으로 이동했다. 그러나 밴드와 함께 무대에 등장한 가왕 조용필은 늘 그렇듯, 20~30곡의 레퍼토리와 앙코르곡까지 관객들을 쥐었다 폈다 하며 공연을 훌륭하게 마쳤다.

나는 이 무렵 매일 조용필과 전화를 주고받고, 서초동 자택에도 자주 들렀다. 당시 '조용필 담당 기자'로서 여러 뉴스를 하나라도 놓치지 말아야 할 의무가 있었기 때문이다. 조용필은 방송 스케줄 외에는 돌아다니는 일이 없고 집에 있는 시간이 많았는데, 내가 가면 파자마 바람에 통기타 부여잡고 앉아서 "홍성규 기자 어서 와" 하고는 기타 줄 퉁겨가며 오선지에 콩나물대가리를 그려 넣고 있었다. 방에 있는 피아노 건반을 뚱땅뚱땅 두드려보고는 배를 깔고 방바닥에 엎드려서 악보를 그렸다. 피아노 치는 사람은 많이 봤어도, 백지 위에서 음악을 만들어내는 장면은 정말 신기했다.

당시 조용필은 방송국 아니면 공연장과 스튜디오를 오가며, 관계자들 만나는 일 빼놓고는 거의 모든 시간이 집에서 곡 작업을 했다. 아무에게도 방해받지 않는 집은 조용필에게 최적의 작업 공간이요 일터였다. 요즘처럼 세상이 좋아져서 악보를 볼 줄 몰라도 누군가 미리 만들어놓은 소스(음악 샘플)를 재료로 해서 미디(MIDI)로 작곡하는 현실에서는 상상하기 힘든 장면이다.

조용필은 잠시 담배를 피우며 쉬는 시간에 "나는 한발 앞서가는 음악을 만들고 노래를 불러야 한다. 그게 사는 길"이라고 입버릇처럼 말했다. 어떤 노래가 한번 히트했다고 해서, 계속 같은 스타일만 답습해서는 가수로서 생명력이 길 수가 없다는 것이었다. 사실 한국 가요계에는 히트곡 한 곡으로 평생 활동하는 가수들도 많았는데…….

그 무렵 나온 곡이 1990년 첫 정규앨범으로 슈퍼스타 조용필의 시대를 활짝 연 〈추억 속의 재회〉와 〈꿈〉이었다. 트로트 아니면 발라드 일색이었던 한국 가요계를 앞서 나가는 진보적 음악이었다. 마치 브라이언 애덤스와 스팅 같은 느낌을 조용필이 덧입은 듯한 음악이었다. 특히 〈꿈〉은 조용필이 직접 작사를 한 곡이어서 더욱 가슴에 와닿았다. '머나먼 길을 찾아 여기에 꿈을 찾아 여기에'라는 노랫말에서 인생의 짙은 페이소스가 강렬하게 느껴진다.

조용필 음악 에너지의 원천은 바로 '앞서가는 음악을 하고자 하는 강력한 의지'이다. 인간 조용필은 연약하여도, 음악에 대한 열정이 그를 이끌어 갔다. 조용필은 한참의 세월이 지나 2013년 〈헬로〉와 〈바운스〉를 넘어서, 2017년 〈필링 오브 유〉, 2022년 〈세렝게티처럼〉, 〈찰나〉에 이어 2023년 〈필링 오브 유〉, 〈라〉를 포함한 앨범을 발매하는 등 누구도 예상치 못한 신곡을 내놓았다. 케이팝이 아니라 '조용필 팝'이라고 표현하면 어떨까.

무대 뒤에서 만나는 인간 조용필은 가끔씩 힘이 들어 보였어도, 무대 위의 조용필은 55주년을 맞는 현재까지도 끊임없이 창의적인 모습으로 늘 다시 깨어나고 있다. 30년 전 홍성규 기자에게 '한 발 앞서 나가는 음악을 할 것'이라고 했던 약속을 지키고 있는 것이다. 너무나 많은 인생의 굴곡 속에서도 음악에 대한 신념은 결코 변하지 않았다. "홍 기자, 내가 언제까지 노래를 할 수 있을 것 같니" 하는 인간적인 모습을 보이다가도, 이내 "한발 앞서 나가야 한다"며 훌훌 털고 일어서는 그의 힘은 어디서 나오는 걸까.

가요계에는 어떤 장르로 인기를 끌었건 나이만 먹으면 '성인가요'라는 타이틀이 붙어버린다. 레전드라 불리던 가수들도 과거 히트곡의 콘셉트에서 거의 벗어나지 못한 신곡을 내다 보니 새롭게 히트하는 곡들이 거의 없고, 음악 팬들은 추억팔이 이상의 감동을 얻지 못한다.

요즘은 레트로를 넘어서 '뉴트로'라는 유행어가 생겼다. 단순히 추억팔이에만 그치는 것이 아니라, 옛 콘텐츠에 대한 재조명과 재해석을 통해 새로운 콘텐츠로 재창조되는 문화에 MZ세대까지 열광한다는 것이다. 조용필은 뉴트로 문화를 이끄는 선두주자로 부족함이 없다. 신곡이 나올 때마다 늘 앞으로가 더 기대된다. 데뷔 때부터 늘 앞서가겠다는 초심과 그 자세를 흐트러짐 없이 지켜내고 있기 때문이다.

'가왕' 지우기, 조용필의 새 출발
2003년 18집 앨범 〈태양의 눈〉은 조용필이 일생일대의 고난과

시련을 거친 후에 나온 음악이다 보니, 그 어느 때보다도 중후하고 진지한 조용필의 음색이 돋보였다. 오케스트라의 웅장함과 박진감 있는 록 음악 비트의 대작들이서, 그다음 19집도 같은 선상에서 업그레이드되지 않겠냐는 생각들이었다. 그런데 18집 이후 10년 만인 2013년 발매된 19집 앨범은 대부분 가요 관계자들의 예상을 완전히 벗어난 콘셉트였다. 발매 초기 〈바운스〉는 일부 팬들 사이에서도 '낯설다'는 평이 나올 정도였다.

하지만 '역시 조용필이 조용필 했다', '신세대와의 접점 넓히기' 등 뜨거운 반응이 뒤따랐다. 평소 조용필이 해오던 말처럼 옛것은 하나도 갖다 쓰지 않았기 때문이었다. 게다가 초등학생, 중학생들까지 따라 부르는 상황으로 이어지면서 '가왕의 귀환'은 대성공이었다. 조용필 본인도 워낙 오랜만에 나오는 앨범이다 보니 내심 걱정을 했지만 이내 편안한 미소를 지을 수 있었다. 19집 앨범은 발매 한 달 만에 20만 장을 넘어섰으며, 음원차트 올킬 행렬이 이어졌다. 조용필은 겸손하게 기뻐했다. "중장년층은 소장하려 사고, 20~30대는 '이게 뭔가' 해서 사보는 수요가 합쳐진 것 같다."

이 같은 좋은 결과가 조용필에게 더욱 의미가 있었던 것은 새로운 시작에 대한 자신감을 주었다는 점이다. 그전의 앨범들은 대부분 조용필이 직접 만든 곡이었지만, 이번엔 철저하게 젊은 뮤지션들에게 일임했다. 그래미 최다 수상자인 비욘세의 음원 작업을 한 토니 마세라티 같은 핫한 미국 엔지니어에게 제작을 맡겼다. 철저한 '가왕' 지우기, 과거의 가왕이라는 타이틀을 다 잊고 새로운 조용필로 새롭게 출발하는 마음이었다. 조용필은 기자회견에서 '가왕'이라는 말 대신 그냥 '조용필' 이름 석 자로 불리길 원한다고 전했다. 그러나 아직도 '오빠' 하고 외치는 팬들의 함성은 너무 좋다고 했다.

> "한 곡 한 곡씩 작업하다 보니 어느 날 이제 낼 때가 된 것 같아 속도를 냈다. 그다음 20집 앨범을 의식하지 않을 수 없었다."

조용필은 심플하게 저간의 과정을 전했다. 말은 간단했지만, 사실 10년이라는 앨범 공백기 동안 얼마나 고뇌했을까. 18집이 클래시컬한 대곡, 19집이 일렉트로니카를 콘셉트로 한 뉴노멀이라면, 향후 20집은 어떨까. 여전히 다음 앨범이 설레고 기대되는 가수, 조용필이다.

숨은 명곡 〈어느 날 귀로에서〉

19집 앨범 수록곡 중 〈어느 날 귀로에서〉는 시간이 흐르면서 진가가 드러나는 숨은 명곡이다. 19집 앨범 중 유일한 조용필 자작곡 노래다. 작사는 조용필과 개인적 친분이 있는 서울대 사회학과, 포항대 석좌교수를 역임하고 한림대 석좌교수로 재직 중인 송호근 교수가 했다. 송호근 교수는 가수 조용필의 열렬한 팬이며, 가끔 술잔을 기울이며 인생을 논하는 사이다. 조용필이 특별히 의뢰해서, 이번에 난생처음으로 작사를 하게 되었다.

송 교수는 이 노래를 가리켜 '1세대 베이비부머들(1955~1963년생)에게 바치는 노래'라고 했는데, 1956년생인 송 교수도 그 안에 포함된다.

송 교수는 술 한잔하고 귀가하다가 만난 동년배 대리운전 기사와의 사연을 모티브로 삼았다. 삶의 무게에 지치지만 책임감 때문에 묵묵히 짐을 지고 사는 우리들 이야기다. 사회에서 지친 우리들에게 희망과 용기를 불어넣어주는 노래이기도 하다.

소주 한잔 걸치고 어깨 축 처져서 돌아오는 노년의 어두운 모습이 얼핏 떠오르기도 하지만 이어지는 노래는 역설적으로 희망이 느껴진다. 조용필의 목소리도 무겁고 진지하기보다는 밝고 당당하다.

우리네 베이비부머 세대들은 육신은 나이를 먹어 갈수록 약해지고 안 아픈 곳이 없지만, 마음만은 아직도 청춘이다. 그럴수록 지나온 세월이 야속하기만 하다. 더 잘 살 수 있었는데 왜 그리도 아등바등 살아야 했을까. 후회만 남은 것 같고, 이제 늙고 병들어 그 종착역은 세상과의 이별인 것만 같다.

그러나 우리의 삶은 사망이 끝이 아니다. 애벌레가 번데기가 되고, 번데기가 화려한 나비가 되어 훨훨 날아가듯 우리의 인생도 그

렇게 될 것이다. 그러한 확신으로 살아갈 때 삶이 달라진다. 에너지
보존의 법칙이 있는 것처럼 우리의 생명은 소멸되지 않는다. 단지
다른 차원의 물질과 상태로 변화할 뿐이다. 그렇다면 지금 우리가
살아가는 이 시간은 영원한 시간의 한가운데에 있다.

조용필은 항상 왼손으로
마이크를 잡는다

　　미국의 전설적인 기타리스트 지미 헨드릭스는 "나는 왼손으로 악수를 한다. 그 이유는 나의 심장이 오른손보다 왼손에 가깝기 때문"이라는 말을 남겼다고 한다. 조용필도 항상 왼쪽 손에 마이크를 잡는다. 50 평생 지녀온 습관이다. 밴드 기타리스트 출신이라는 사실을 숨길 수 없다는 듯, 왼손으로 마이크를 잡아야 노래가 나오는 것일까. 조용필의 음악적 내공의 뿌리는 아주 오래된 밴드 음악 활동에서 나오는 것만은 분명하다.

　　조용필은 늘 이렇게 말한다.

　　"작사가, 작곡가의 곡을 받아 노래만 해서는 발전이 없다. 작가들이 항상 특정 가수만을 위해 좋은 곡을 주기도 힘들다. 가수 자신에게 맞는 노래를 직접 만들어내고, 연주하고, 서로의 합을 맞추는 과정에서 음악성이 발전하는 것이다.”

조용필은 특히 국내외 다른 작가들의 곡을 받더라도 직접 편곡을 하기로 유명하다. 편곡을 하며 음악을 재창조하는 과정을 거친다고 해야 할까. 음악을 의도한 대로 대중에게 제대로 전달하고 그 느낌을 공유하려면 밴드가 필수라고 말해왔다. 그렇다 보니 조용필의 밴드 사랑은 남다르다. 밴드 멤버들에게 정말 따뜻하게 대해준다. 밴드는 여럿이 모여 있다 보니 이해타산과 음악적 견해 차이로 이합집산이 되는 경우가 생길 수밖에 없는데, 조용필의 밴드는 서로를 가족처럼 배려한다.

'악바리 근성'으로 유랑 밴드 생활에서 살아남다

조용필이 음악에 관심을 가지게 된 계기는 1960~1970년대 최고의 미국 밴드 벤처스(The Ventures)였다. “하나님에게 손가락이 있다면 바로 그들이 기타를 연주하는 모습이었을 거라고 생각했다.” 조용필은 당시의 감동을 이렇게 회상했다. 사이키델릭 록밴드인 벤처스의 음악은 노래보다는 기타 연주 위주로, 당시 우리나라의 젊은이들에게 폭발적인 인기를 끌며 한국 가요계 '그룹사운드' 붐에 많은 영향을 미쳤다.

조용필도 벤처스의 매력에 빠져 기타 연습을 하기 시작했다. 그러나 아버지와 형들은 어린 용필이가 공부는 안 하고 기타 치고 노래하는 모습을 몹시 못마땅해했다. 조용필은 마침내 1968년, 고등학교를 졸업하던 날, 음악학원 다니던 친구들과 밴드가 되겠다며 가출을 감행했다. 그때 조용필의 가족과 지인들에게는 악동들의 일탈로 보였지만, 사실 '로큰롤 베이비'를 향해 내디딘 조용필의 첫 걸음마요, 위대한 미래를 향한 '엑소더스'였던 것이었다.

조용필은 작은 형에게 붙들려 집으로 들어갔다가, 다시 가출하길 반복했다. 클럽에 고용되었다가 '실력 없는 엉터리'라고 하루 만에 해고되고, 출연료를 제대로 받지 못해 끼니를 거르는 일도 다반사였다. 어떤 날은 동네 건달들이 찾아와 신고식 안 한다고 얻어맞아 얼굴이 퉁퉁 불어 있기도 했다. 조용필은 이를 악물고 끝까지 버텼지만, 더는 견디지 못하고 집으로 돌아가는 친구들이 많았다.

결국 외톨이가 되어버린 조용필은 기타 하나 둘러메고, 일자리를 찾아 클럽 수십 곳을 찾아 헤맸다. 그러다가 문산 근처 용주골이라는 곳까지 흘러들어 갔는데, '파라다이스'라는 미군 상대 클럽이 있었다. 클럽 안에 슬쩍 들어가 연습하는 밴드를 보니 뭔가 마치 나사 하나가 빠진 듯한 사운드였다. 그룹 이름은 '첵돌스'였다. 리드기타가 군 입대로 빠져나가 새 멤버를 구하고 있다고 했다. 조용필이 기타 치는 모습을 보여주니 놀라운 표정으로 만족하며 다음 날부터 무대에 서보겠냐고 했다.

이 순간부터 조용필은 간신히 비집고 들어간 리드기타 자리를 놓치지 않기 위해 잠자는 시간만 빼놓고는 죽어라 기타 연습을 계속했다. 다른 멤버들도 악바리 근성의 조용필을 보고, 뒤처지지 않으려고 기를 쓰고 열심히 했다. 어느덧 첵돌스는 용주골 최고의 팀으로 소문이 나기 시작했다.

밴드 인생의 전환점이 된 〈리드 미 온(Lead Me On)〉

1년 이상 무명 밴드로 떠돌던 조용필 밴드 인생 최고의 전환점은 '파이브 핑거스'라는 5인조 밴드에 스카우트된 일이었다. 미8군 무대는 당시 밴드 음악을 하는 사람들에게는 선망의 대상이었다. 미8군 클럽에서는 1년에 한 번씩 밴드 오디션을 실시했는데, AA, A, B, C, D 등 5단계로 급수를 매기고, 이에 따라 개런티도 정해졌다. 파이브 핑거스는 A로 상당한 실력을 인정받은 팀이었다. 이 팀은 나중에 의정부와 중앙 무대인 이태원까지 진출했고, '킹 클럽'이라는 유명 클럽 무대에 섰다.

파이브 핑거스로 활동한 지 1년 반쯤 지났을 때는, 조용필의 얼굴이 들어간 신문광고를 보고, 작은 형이 업소로 찾아와 "부모님이 걱정하시니 집에 들어가자. 공부 좀 해서 대학 들어간 다음 음악 해도 좋지 않냐"고 간곡하게 조용필을 설득했다. 조용필은 이때 쉬지 않고 계속해온 유랑 밴드 생활을 잠시 멈추게 됐다. 그렇지만 한두 달이 지나자 손이 근질거려서 참을 수 없었다.

부모님이 원하는 대학을 가기 위해 공부를 할 것인지, 다시 밴드

자리로 돌아갈 것인지 고민하던 어느 날, 경기도 광주 클럽에서 일하는 친구가 갑자기 찾아와 밴드 기타 자리가 비었는데 잠시만 채워달라고 통사정을 하는 것이었다. 조용필은 한시적으로 도와주기로 하고 그 클럽으로 달려갔다.

그런데 그날 밤 그 클럽에서 있었던 해프닝은 조용필이 기타리스트에서 가수로의 결정적 전환점이 되었다. 클럽에 놀러온 한 미군 병사가 내일 생일이라면서, 축하곡 하나 불러줄 수 있냐고 부탁한 것이다. 그 노래는 재즈 뮤지션 바비 블랜드의 〈리드 미 온(Lead Me On)〉이라는 노래였다. 그 병사는 조용필에게 원곡 가수보다도 훨씬 감동적으로 부른다며 극찬을 했고, 기가 막히게 노래하는 가수가 클럽에 새로 왔다고 소문을 내고 다녔다. 클럽은 이를 계기로 조용필의 노래를 듣기 위해 일부러 찾아오는 손님들로 가득 차기 시작했다.

조용필, 타악기 대가 김대환,

베이스 이남이와 '김 트리오' 결성

〈리드 미 온〉이라는 노래는 조용필 인생의 새로운 기회가 되었다. 미군 부대 상대 파주 변두리에서 유랑 밴드로 떠돌다가, 조용필의 〈리드 미 온〉이 클럽들 사이에 히트곡으로 떠오르면서, 서울 소공동 '레인보우' 클럽으로 입성하게 된 것이다. 그러던 어느 날도 한창 〈리드 미 온〉을 연습하고 있는데, 타악기 주자 김대환이 찾아왔다. 김대환은 '흑우(黑雨)'라는 예명을 쓰는 범상치 않은 뮤지션이었다. 대개 드러머들은 여러 대의 드럼을 양손에 스틱 한 개씩 들고 치지만, 김대환은 열 손가락에 6개의 북채를 끼운 채 자유자재로 연주하는 '타악의 대가'였다. 1960년대 초 미8군 무대에 설 때는 드럼 연습에 몰두하기 위해 '인간들과는 대화를 않겠다'며 면도칼로 혀끝을 잘라버리고 두문불출했던 기인이다.

김대환은 우연히 클럽에 들렀다가 무대에서 노래를 부르는 조용필의 모습에 매료되었다고 했다. 당시 김대환은 그룹사운드 드러머 일을 잠시 멈추고 공예 작가로 활동하고 있었는데, 조용필 같은 실력이라면 꼭 같이 일해보고 싶다고 즉석 제안을 했다. 조용필도 엄청난 명인이 자신의 실력을 인정해준다는 사실에 황송한 마음으로 제안을 받아들였다.

조용필과 김대환은 여기에 '차밍 가이스'라는 밴드에서 일하던 베이스기타 이남이를 영입, 3인조 '김 트리오'를 결성했다. 조용필은 일시에 재야의 실력파 뮤지션 두 사람과 그룹을 형성하다 보니, 그 긴장감이 예전 유랑 밴드 시절과는 차원이 달랐다. 클럽 무대가 끝나도, 다음 날 아침까지 노래와 기타 연습을 하다가 잠이 들 정도였다. 나중에는 실력파 기타리스트 최이철까지 영입해 투 기타 시스템으로 운영되었는데, 기타 하면 내로라하는 조용필, 최이철 사이 선의의 경쟁이 대단했다. 서로 지지 않기 위해 더 열심히 기타 연습을 하다 보니, 이 무렵 비약적인 기타 실력의 향상이 있었다.

조용필은 어느 날 연습에 늦은 일이 있었는데, 리더였던 김대환이 밴드의 연습 시간에 늦는 것은 있을 수 없는 일이라며 냅다 얼굴에 주먹을 날려 뒤로 자빠진 적도 있었다. 조용필은 너무 놀랐지만, 왜 때리느냐며 화내거나 자존심을 내세우지 않았고 오히려 김대환에게 정신 차리게 해주어 감사하다고 머리를 숙였다. 이 일이 자극이 되어 모두 연습 벌레가 되어 서로를 격려했다.

1971년에는 모 주간지가 주최한 제1회 보컬 그룹 경연대회가 열렸는데, 조용필이 '가수왕상'을 수상하며, 공식적인 실력을 인정받았다. 조용필이 가요계에 나와 가수로서 받은 첫 번째 상이었다. 한편 알려졌다시피 김 트리오의 최이철과 이남이는 나중에 유명 그룹 '사랑과 평화'의 리드기타와 베이스기타로 〈한동안 뜸했었지〉, 〈어머님의 자장가〉 등 메가 히트곡을 내며, 큰 인기를 얻었다.

프리재즈의 대가 강태환 만나 '청음(聽音)'을 배우다

1970년대 초반 조용필이 일하던 프린스 호텔 나이트클럽에는 프리재즈로 국제적 명성을 날리던 강태환 악단이 있었다. 강태환은 색소폰으로 숨도 쉬지 않고 길게 음을 내거나 묘한 소리를 만들어냈으며, 다양한 호흡법으로 다양한 음을 내는 명인의 경지에 오른 사람이었다. 조용필에게 이들은 팝이나 록을 하던 김 트리오와는 또 다른 차원의 음악을 하는 것으로 보였다.

이들을 늘 신기한 눈으로 바라보던 조용필은 어느 날 강태환 악단이 잠시 자리를 비운 사이에 이들의 악보를 몰래 살펴보았다. 생전 처음 보는 '블루 노트', '인도 스케일' 등에 눈이 번쩍 뜨인 조용필은 자신도 모르게 악보를 베꼈다. 그때 자리로 돌아온 강태환이 "너, 대체 뭐하는 거야!" 하며 악보를 빼앗고는 호되게 야단을 쳤다. 백배 사죄를 구할 수밖에 없었다. 조용필은 너무 민망했지만, 악보를 다 베끼지 못한 아쉬움이 더 컸다.

며칠 후 강태환은 조용필을 불러, 미처 다 베끼지 못한 재즈 악보를 통째로 선사했고, 궁금해하는 것은 모두 답해주었다. 배우고자 하는 조용필의 열정에 마음이 열린 것이다. 조용필은 이때 곡을 듣고 악보에 채보하는 '청음'까지 처음 배우게 된다.

조용필은 이후에 강태환 선생을 잘 만나지는 못했지만, 두고두고 자신의 인생에서 빼놓을 수 없는 음악 선생님 같은 분이라고 회상했다.

'김 트리오'의 해체와 '조용필과 그림자'

김 트리오로 한창 활동하던 중 조용필은 처음으로 방송에 나가게 됐다. 지인들의 추천으로 TBC의 음악 프로그램에 출연하게 된 것이다. 여기서 조용필의 첫 자작곡인 〈옛일〉이라는 노래를 선보였다. 그런데 늘 밤무대에서 기타를 메고 관객들 앞에서 노래하다가, 기타 없이 방송 카메라를 바라보며 노래를 부르려니 너무 어색했다. 미동도 없이 꼿꼿이 서서 굳은 표정으로 노래하는 모습에 연출 스태프들이 화를 낼 정도였다.

조용필 역시 아무것도 모르고 어설프게 방송에 출연한 것이 후회되고 마음이 너무 상했다. 자존심이 상해 앞으로 방송국 근처는 지나가지도 않겠다고 다짐하기도 했다. 그러나 이 사건은 조용필이 좀 더 성숙할 수 있는 과정이었다. 그때 조용필에게 화를 내고 싫은 소리를 했던 방송국 관계자들에게 훗날 오히려 많은 도움도 받게 된다. 당장은 힘들고 싫은 환경이어도, 세월이 지나 생각해보면 그 상황이 있었기에 좀 더 겸허해질 수 있었고, 그러한 경험들이 오히려 에너지가 되었다.

김 트리오는 6곡이 담긴 앨범을 출반했지만 발매가 되지 않고 기념 음반으로만 남아 아쉬움을 남겼다. 부푼 꿈을 안고 시작해서 수준급 음악을 추구했는데, 당시 클럽들이 원하는 음악 콘셉트가 고고풍으로 바뀌면서, 김 트리오가 세속적인 그 환경에 맞추기는 어려웠다. 결국 팀의 리더였던 김대환은 자기의 길을 찾아간다고 그만두었고, 다른 멤버들도 구심점을 잃고 헤어졌다.

조용필은 군 복무 이후, 서울 시내 독신자 아파트에서 혼자 생활하며 새로운 밴드 도전에 나섰다. 한동안 별다른 일자리가 없다 보니 하루 종일 기타와 씨름하며 팝 음악을 들으며 뭘 할지 구상을 했다. 그러던 어느 날 미국의 시카고 지역 밴드의 사운드가 귀에 꽂혔다. 브라스가 많이 들어간 사운드가 멋지게 들렸다. 늘 해오던 기타, 베이스, 드럼의 구성과는 스케일이 다른 음악이었다. 조용필은 '그래 바로 이거야!' 하는 생각으로 밴드 멤버들을 모집하기 시작했다.

클럽가에서 어느 정도 이름이 나 있던 조용필이 새롭게 밴드를 구한다고 하니, 트럼본, 트럼펫 등 브라스 멤버들과 기타, 베이스, 드럼 등 8인조 밴드를 구성할 수 있었다. 조용필이 처음으로 밴드 마스터가 되어 결성한 그룹이라 '조용필과 그림자'로 명명했다. 조용필과 그림자는 오래지 않아 실력 있는 밴드로 소문이 나면서, 종로2가 '웨스턴', 동대문 '이스턴 나이트클럽'과 당시 젊은 세대들 사이에 붐을 이뤘던 고고클럽 '타워', 충무로 퍼시픽 호텔 '뮤겐' 등 서울 시내 일류 클럽 무대를 휩쓸었다.

종로2가의 웨스턴에서는 이곳 무대에 출연하던 콧수염 가수 이장희를 만났다. 이장희는 그 무렵 〈그건 너〉, 〈한 잔의 추억〉 등으로 큰 인기를 얻고 있었는데, 조용필과 많은 음악적 교류를 나눴다.

조용필은 무명 밴드를 벗어나 인기를 얻고, 한창 활동하던 당시에도 노력을 게을리하지 않았다. 전 세계의 유명 밴드와 가수들의 음악을 수백 번 청음하는 것은 지금까지도 계속하는 방식이다. 조용필을 기타리스트의 길로 이끈 벤처스를 비롯, 비틀스, 핑크 플로이드, 폴리스와 스팅, 브라이언 애덤스, 퀸, 메탈리카 등을 듣고, 기타로 악보로 옮기는 작업도 수없이 해냈다.

　기자 시절, 조용필 자택에 찾아가면 항상 클래식 음악을 들으며 차 한잔 마시고 있는 모습에 대한 기억이 있다. "용필이 형, 클래식도 많이 들으시네요" 하고 궁금해하면, "사실 가요나 팝보다는 클래식 듣기를 더 선호한다. 머리 식힐 때 즐겨 듣는데 가끔 악상이 떠오르기도 한다"고 했다. 조용필 음악의 스펙트럼이 무궁무진해지는 이유를 그때도 새삼 깨달았다.

／ 홍성규의 그때 그 시절 ＼

한국전쟁 이후 한국에 주둔하는 미8군 부대의 쇼 무대는 당시 한국의 팝 가수나 밴드들에게 선망의 대상이었다. 주한미군의 규모가 계속 늘어나면서 미8군 소속 군인과 군속들을 위한 위문공연이 활성화되었다. 이는 한국 전통음악이 영미 팝 음악과 결합하는 분기점이 되었다.

　나중에는 USO(United Service Organizations)로 알려져 있는 '미군 위문 협회' 지사가 설치되어 미국 가수들을 직접 동원해 공연이 이뤄졌다. 그러나 미국 본토에서 날아오는 미국 가수나 연주인 또는 미군 연예병사만으로 급증하는 공연 수요를 감당하기 어려웠고, USO는 정기적으로 한국인 뮤지션들을 오디션해서 무대에 공급했다. 이 무대에서는 뮤지션들의 개런티도 그 당시 웬만한 직장인 월급보다 많았다.

1950년대~1960년대 동두천, 파주, 의정부를 비롯해 송탄, 오산, 대전, 대구, 군산, 진해, 부산 등 미군 부대 주변으로 형성된 미군 클럽은 300개에 달했다. 자연스럽게 앞서가는 악기와 장비들이 미국에서 쏟아져 들어왔고, 한국의 뮤지션들이 새로운 음악 세계를 경험하고 배우게 되었다. 많은 스타 가수들이 미8군 무대를 통해 배출되었다. 조용필은 도도하게 흐르는 가요사적 흐름을 간파하고 제대로 받아들인 뮤지션이라고 할 수 있다.

야생 뮤지션 조용필을 세상에
알린 〈돌아와요 부산항에〉

　　　　　　가출 후 7년 동안 무명 유랑 밴드로 고생하던 조용필의 이름 석 자를 알린 노래는 두말할 것 없이 〈돌아와요 부산항에〉다. 원곡은 작사 김성술, 작곡 황선우의 곡으로 김해일이라는 통영 출신 가수가 부른 노래다. 제목도 처음엔 〈돌아와요 충무항에〉였고, 노래 가사도 떠나간 옛 연인을 그리워하는 남녀상열지사 내용으로 '형제 떠난'이 아니라 '님 떠난'이었고, '그리운 내 형제여'가 아니라 '보고픈 내 님아'였다.

　가요는 임자가 따로 있고 시기를 만나야 뜨는 법인지, 원곡을 발표한 가수는 안타깝게도 그 이듬해 예기치 못한 화재 사고로 세상을 떠났고, 당초 조용필이 1972년 초 김 트리오로 활동하던 시절, 베이스 이남이와 함께 통기타 반주로 취입할 때에도 별 반응을 얻지 못했다. 4년이 지나서야 놀라운 역사가 이루어진 셈이다.

1976년 1월에 만난 국가대표 축구 스타 이회택은 조용필에게 두고두고 잊을 수 없는 은인이다. 〈돌아와요 부산항에〉가 나오게 된 통로가 되었기 때문이다. 조용필과 그림자로 활동하던 무렵, 클럽에 자주 놀러오던 이회택이 말로만 듣던 유명 음반사 킹레코드 박성배 사장을 소개했다. 당시 사회 분위기는 한일 협정 체결로 '부관훼리'가 개통되고, 7·4 남북 공동 성명으로 남북의 화해 분위기가 조성되고 있었다. 이에 따라 민단은 물론, 조총련계 재일동포들도 부산항을 통해 고국 방문 러시를 이뤘다. 수십 년 만에 고국 땅을 밟고 눈물 흘리는 이들과 그들을 바라보는 국민들의 아련한 향수 속에 〈돌아와요 부산항에〉의 감성이 제대로 이입되었던 것이다.

이때 조용필의 〈돌아와요 부산항에〉 음반을 제작한 인물은 영사운드 기타리스트 출신 안타 음반 안치행 사장이었다. 김 트리오 시절 조용필이 처음 냈던 〈돌아와요 부산항에〉의 통기타 반주를 해준 것이 인연이 되었다. 당시 가요계는 레코드 회사들이 문예부에서 직접 음반을 기획하고, 매니지먼트까지 올라운드 플레이를 하던 시대였는데, 레코드 회사가 아닌 안타 음반이 처음으로 음반을 기획하고 제작한 것이 〈돌아와요 부산항에〉 앨범이었다.

또 요즘처럼 싱글로 음원을 발매하는 것이 아니라, LP판 앞뒤로 노래가 꽉 차게 들어가야 했다. 그렇다 보니, 〈조용필 안치행 편곡집〉 타이틀로 제작된 이 음반은 SIDE 1에 조용필의 01. 너무 짧아요 02. 돌아와요 부산항에 03. 정 04. 돌아오지 않는 강 05. 생각이 나네 06. 해변의 여인 6곡이, SIDE 2에 영사운드의 01. 긴 머리 소녀 02. 아름다운 밤 03. 옛 추억 04. 사랑은 샘물처럼 05. 꿈속의 여인 06. 군가(너와 나) 등의 6곡과 함께 수록됐다.

〈돌아와요 부산항에〉는 원래 4분의 2박자 '뽕짝' 스타일 노래였는데, 좀 더 빠른 템포의 4분의 4박자 고고 리듬으로 편곡했고, 배경도 충무항에서 부산항으로, 내용 역시 연인을 그리워하는 내용에서 많이 바뀌었다. 시대적 상황과 동포애에 소구하는 편곡자의 의도가 조용필의 초감성적 보컬과 어우러지며 엄청난 시너지를 낸 것이다.

이 음반은 내자마자 바로 반응이 오지 않아 무척이나 조용필의 애를 태웠다. 팔리지 않은 레코드판 재고가 반품되어 돌아와 창고에 쌓이기 시작했다. 조용필은 그때 마치 죄인처럼 눈치가 보이고, 더 이상 가만있기가 힘들었다. 생각 끝에 직접 몸으로 때워보기로 했다. 레코드판 100장을 받아서 직접 새벽 다방을 다닐 계획을 세운 것이다. 당시 새벽 다방은 클럽에서 밤을 지새우던 젊은이들이 아침이 될 때까지 기다리던 곳이었다. 조용필은 부산으로 내려가 광복동, 남포동, 서면 등 중심가 새벽 다방을 찾아 일일이 DJ들에게 레코드판을 나눠 주며 읍소했다.

속이 시커멓게 타들어갈 때까지 꿈쩍 않던 음반은 3개월 후에야 조금씩 반응이 오기 시작했다. 여러 주간지에서 '부산에서 노래가 불이 붙었다'는 기사가 나오는가 하면, 조용필이 일하던 야간 업소 무대 손님들로부터 〈돌아와요 부산항에〉를 불러달라는 신청곡이 들어오는 것이다.

조용필은 그제서야 쾌재를 불렀다. 눈물이 났다. 태어나서 처음으로 경험하는 음반 대박 히트였다. 집 나와서 미군 부대 클럽을 전전하며 고생하던 기억이 주마등처럼 스쳐갔다. 드디어 음반이 히트된다는 것이 어떤 느낌인지 처음 알게 됐다. 그토록 선망하던 인기 가수 반열에 오르게 된 것이었다.

한국형 록발라드의 시작 〈돌아와요 부산항에〉

〈돌아와요 부산항에〉로 세계 최초의 음악 장르 '한국형 록발라드'가 태어났다 해도 과언이 아니다. 그 무렵 가요계의 대세는 트로트였고, 일반 대중들은 가요 하면 으레 트로트로 알았다. 라디오를 틀면 트로트만 나왔다. 대학가를 중심으로 영미 팝을 즐기는 마니아들이 있었지만 극소수였다.

조용필도 초창기에는 트로트를 록 음악 스타일로 소화했다. 그때까지 줄곧 해오던 록 음악을 곧바로 일반 대중들에게 선보이는 것은 무리였다. 명색이 록밴드 출신이 대놓고 트로트를 부르기는 싫었을 것이다. 조용필은 〈돌아와요 부산항에〉가 크게 히트하면서 "원곡은 트로트 멜로디와 리듬이었지만, 록 리듬으로 바꿨다. 전주의 기타는 직접 연주했다"고 밝혔다.

록발라드는 사실 한국에만 있는 음악 장르다. 1980년대 들어서 한국인 특유의 '정(情)'을 기승전결 구조와 코러스(노래의 클라이막스 부분)에 담아 부르는 가수들이 많이 나타나면서, 음악 칼럼니스트들이 지칭한 용어다. 서정적인 포크 발라드와 달리, 고음의 샤우팅과 디스토션을 건 기타 애드립이 감동을 배가시킨다.

이는 당시 누구보다도 조용필의 매력을 최대한 발산할 수 있는 장르였으며, 이후 1980년대 후반~1990년대 초 변진섭, 이문세, 김현식, 신승훈, 조성모, 김종환, 김종서 등의 발라드 붐으로 이어진다고 볼 수 있다. 넥스트와 함께 본격적인 록밴드를 운영했던 신해철은 조용필의 록발라드와 같은 맥락이다.

〈별이 빛나는 밤에〉, 〈밤을 잊은 그대에게〉의 레전드 음악방송 작가 구자형은 더 나아가 〈돌아와요 부산항에〉를 록앤트로트(rock&trot)이라고 분류한다. 구 작가는 "록밴드 출신 기타리스트 조용필이 트로트를 만나면서, 트로트가 록으로 전환된 것이다. 이는 록과 트로트의 벽이 허물어지며, 록이 추구하는 자유와 저항이 트로트가 담고 있는 사랑과 이별과 눈물로 새롭게 탄생한 가요사적 사건"이라고 평한다. 구 작가는 20대 초반에 우연히 TV에서 〈돌아와요 부산항에〉를 부르는 조용필의 모습을 보고, 전율을 느꼈다.

구 작가는 조용필을 이렇게 회고했다.

"허스키한 그의 목소리는 노래라기보다는 하나의 외침이요, 절규였으며, 태풍의 예고 같았다. 달달한 감성의 노래라기보다는 열정과 격정의 노래였다. 노래 부를 때 양 볼이 볼록해지는 모습에서 스타급 가수들에게서 흔히 보이는 카리스마, 위압감보다는 동네 오빠나 친구 같은 친근감, 아무도 몰라주는 내 마음을 알아줄 것 같은 공감대가 느껴졌다. 그리고 그는 노래를 하는 동안 한 번도 웃거나 미소 짓지 않았다. 시청자들에게 이 시간만큼은 잘 보여야겠다고 꾸며대는 모습은 전혀 없었고, 그 순간은 오로지 음악과 나만이 있음을 말하는 것 같았다."

노래는 친구들에게
이야기하듯

　　　　조용필 자택에서 인터뷰가 한창 진행되던
어느 날이었다. TV에 인기 가수들이 나와서 노래하는 쇼프로그램
이 방송되고 있었다. 여러 가수들이 노래하고, 들어가고, 또 노래하
고 들어가는 백화점식 프로그램이었다. 조용필은 문득 "가수들이
노래를 좀 편안하게 불렀으면 좋겠다"고 말하면서 채널을 돌렸다.
오디오에 클래식 LP판으로 분위기를 바꾼 용필이 형은 말했다.

　　"노래는 친구들에게 이야기하듯 불러야지, 마치 나보다 노래 잘할 수 있
　　는 사람 있으면 나와보라는 듯 부르면 관객들이 불편한 거야."

　　고개가 끄덕여졌다. 그날 이후 나는 가수들의 노래를 들을 때마

다, 조용필의 말을 떠올렸다. 노래 한 곡 잘 부르거나 고음으로 질러대는 가수는 있지만, 세련되면서도 듣는 이들이 편안하게 잘 부르는 가수는 별로 없구나 하는 생각이 들었다. 옛날이나 지금이나 나름 노래 좀 한다고, 겉멋이 들어서, 음을 쥐었다 놓았다 하면서 음의 유희를 하는 가수는 많다. 누가누가 음이 높이 올라가나 경연을 하듯 무리한 샤우팅을 해대는 가수도 많다. 이런 무대를 보고 있으면 시청자나 관객들은 약간의 불안감을 느낀다. '혹시 삑사리(음이탈) 나는 건 아닌가' 할 때도 있다.

조용필은 항상 관객들과 이야기를 나눈다는 느낌으로 노래를 부른다. 조근조근 즐거운 대화를 나누는 듯, 때론 온 마음을 다해 울분을 토하며 눈물로 호소하듯, 진정성으로 노래한다. 대중가요는 곡조가 있는 마음의 대화다. 최대한 절제를 하며 노래를 듣는 이들에게 감성의 여백을 주어야 한다. 가수가 내 감정이 소중하다는 듯 남김없이 발산을 해버리면, 관객들에게 주는 카타르시스 효과가 줄어든다. 슬픈 영화라고 해서 배우가 너무 울어버리면 관객들이 별로 슬프지 않은 것과 같다.

가창력은 부단한 목 풀기에서 나온다

조용필은 후배들에게 늘 이렇게 조언한다.

"가수는 타고나는 것이기도 하지만 노력해서 얻어지는 것이다. 타고난 노래 실력에 안주해서 훈련을 게을리하면, 그저 반짝 인기로 끝이 난다. 나이 들어서 정신 차려봐야 소용없다. 힘들어도 처음부터 그 수순을 차근차근 밟아가야 실력을 유지할 수 있다."

또 하나는 작사 작곡을 공부해서 나 자신에게 가장 잘 어울리는 곡을 만들 수 있어야 한다고 강조한다. 물론 다른 작곡가들의 곡도 받아야 하지만, 내가 아닌 작곡가에게 의존만 해서는 한계가 있다는 것이다. 편곡도 할 줄 알아야 한다는 것이 조용필의 지론이다.

조용필은 무명 밴드로 파주의 미8군 대상 업소를 유랑하던 시절, 외국 곡을 수도 없이 불러댔다. 클럽에 오는 미군 병사들이 조용필에게 가장 중요한 팬이었기 때문이다. 이들이 좋아할 만한 팝을 평소에 미리 연습해놓아야 했다. 이때 오리지널 팝 가수의 창법 따라잡기를 하고, 음반 듣고 기타로 따서 채보하는 작업을 끊임없이 계속했다. 살아남기 위해서였다지만, 음악을 사랑하고 즐기지 않았다면 불가능한 일이었을 것이다. 조용필은 아마도 그때 성대의 근육이 튼튼하게 단련된 게 아닐까. 목소리는 연습을 하지 않으면 성대도 쉽게 퇴화한다.

조용필은 훗날 스튜디오에 아예 간이 노래방까지 설치를 해서 레퍼토리의 순서대로 준비를 해놓고 목을 풀었다. 그래야 콘서트를 하고 나서도 목이 쉬지 않는다는 것이다. 공연을 전후해서 이번엔 지난번보다 잘해야지 하며 칼을 갈기보다는, 최대한 컨디션을 좋게 유지한다는 마음의 자세였다.

시련 후에 얻은 '한'의 목소리

조용필의 최대 히트곡인 〈창밖의 여자〉는 극도의 시련 후에 얻은 '한'의 소리다. 〈돌아와요 부산항에〉 이후 계속 승승장구하고 '자고 나니 스타가 되어 있더라' 하는 말처럼 탄탄대로만 걸었다면, 오히려 오늘날의 가왕 조용필은 없었으리라 생각한다.

조용필은 야생 뮤지션 출신이다. 정규 음악 교육을 받은 적 없이, 7년간 미8군 클럽 무명 밴드 생활에서 살아남기 위해 어깨너머로 배워가며 피나는 연습으로 깨우쳤다. 첫 열매가 〈돌아와요 부산항에〉였다면, 〈창밖의 여자〉는 죽을 만큼 힘든 고통의 터널을 통과하며 득음의 경지까지 가서 얻어진 결과다.

조용필의 성공은 '시련은 있으나, 실패는 없다. 단지 배울 뿐이다'라는 말처럼 시련이라는 보자기에 싸주신 하늘의 복이었다. 〈돌아와요 부산항에〉가 공전의 히트를 하면서 방송 출연 요청이 들어오기 시작했고, 밤무대에서의 주가도 치솟을 대로 치솟았다. 생활에 여유가 생기면서 경기도 화성에 있던 어머니와 여동생을 서울 동부이촌동 아파트로 모셔와 함께 살게 되었다. 조용필은 '그동안 불효가 막심했는데, 이제야 자식 구실하게 되었다. 인기 가수가 되어 편안하게 살 수 있게 되었다'는 생각으로 가슴이 뿌듯했다. 고생 끝, 행복 시작이라는 기대감으로 즐거운 나날이 계속되었다. 그러나 그 행복감도 잠시, 생각지도 못했던 인생 최대의 위기에 봉착하게 된다. 바로 1975년, 온 나라를 강타한 '대마초 파동' 사건이 터졌다.

조용필이 무명 밴드 시절, 우연히 알게 된 미군 병사가 선물한 대마초가 뭔지도 모르고 한 번 흡연했다가 머리가 너무 아파서 쓰레기통에 버렸고, 그 이후에는 한 번도 입에 댄 적이 없었다. 6년 동안 까맣게 잊고 있었던 일이다. 그럼에도 누군가의 제보로 조사를 받게 되었고, 물증도 없었지만 사실을 인정하고 하루 만에 훈방된 사건이었다. 그런데 그로부터 수년 후, 정부가 발표한 '대마초 연예인' 명단에 조용필이 들어간 것이다.

향후 방송 활동 및 연예 활동을 금지한다는 내용이었다. 그 기간이 몇 년이 될지는 알 수 없는 일이었다. 인기를 먹고사는 가수가 대중들을 만날 수 없다는 것은 가수 생명이 끝난 거나 다름없었다. 사실 조용필에게는 너무도 억울한 일이었다. 머리를 쥐어뜯는 괴로운 나날들이 계속됐다.

결국 고민 끝에 내린 결론은 1977년 5월 4일 은퇴 선언을 하는 것이었다. 예정되었던 장충 체육관 공연을 마치고 조용필은 인사를 올렸다. "톱 싱어가 되기보다는 음악하는 사람으로 계속 머물기를 바랐습니다. 연예계에는 다시 발을 들여놓지 않겠습니다. 노래가 인생의 전부는 아니겠죠. 그동안의 연예 활동을 추억으로 간직하며, 평범한 생활인으로 돌아가겠습니다." 하지만 가수 인생이 여기까지라고 생각하니 눈물이 앞을 가리고 가슴이 미어졌다.

음악 활동을 그만두고 3개월 정도는 견딜 만했다. 주변 많은 분들과 위로주를 나누고, 낚시 여행을 가서 '세월을 낚는' 마음을 얻기도 했다. 사업을 하는 어떤 분은 아예 본인 회사에 조용필 이름을 올려놓고 언제든 출근하라고 했다.

처음에는 은퇴 선언 당시 했던 말처럼 '인생이 외길은 아니다. 또 다른 길이 있을 것'이라는 마음을 먹어보기도 했다. '그래, 한바탕 꿈이라 생각하고 다 잊자. 새 출발 하자.' 마음을 다스렸지만 조용필에게 음악은 모든 것이었다. 단순한 생업 수단이 아니었다. 무대에서 연주하고 노래했던 소리가 귀에 맴돌았다. 그러면 어느새 손은 기타를 만지고 입으로는 노래를 흥얼거리고 있었다.

그러던 어느 날이었다. 무심코 TV를 보고 있는데, 〈한오백년〉이라는 노래가 흘러나왔다. 저녁놀이 창연한 강물 위로 뱃사공이 휘적휘적 노를 저어가는 장면을 배경으로, '아무렴 그렇지 그렇고 말고 한오백년 살자는데 웬 성화요, 한 많은 이 세상 야속한 님아, 정을 두고 몸만 가니 눈물이 난다, 청춘에 짓밟힌 애끓는 사랑' 하는 구성진 가락이 가슴을 울렸다.

이때만큼 노래 부르는 것 자체가 큰 기쁨이었던 적이 없었다

〈한오백년〉은 방황하다 무너진 조용필 자신의 인생을 이야기하는 것 같았다. 그냥 무조건 자신이 부르고 또 불러야 할 노래라는

의무감마저 들었다. 소름이 끼치고 가슴이 두근거렸다. 그 순간 은
퇴 선언하고 가수 생활을 그만두었다는 생각도 까맣게 잊혔다. 좌
불안석으로 방구석을 뛰쳐나가 레코드 가게로 달려가서는〈한오백
년〉노래가 들어간 레코드판은 모두 사들였다.

한 번도 국악을 배운 적은 없지만 두문불출하며 레코드판을 틀
어놓고 어떻게든 따라 불러보았다. 그러나 아무리 해도 목만 쉬고
나중에는 구토까지 하면서 잘되지 않았다. 판소리 같은 탁성을 내
려면 성대를 계속 떨어야 하는데, 목이 간지러운 느낌에 견디기가
힘들었다. 자신의 소리를 듣기 위해 양동이를 쓰고 괴성을 계속 질
러대기도 했다. 어느 날은 아예 목소리가 나오지도 않아서 가수 생
활은 이대로 끝나는 것 아닌가 하고, 날계란을 먹고 앉아 한숨만 푹
푹 쉬고 있기도 했다.

그러다 문득 창을 하는 사람들이 폭포수 밑에서 소리를 내며 '득
음' 하는 모습이 떠올랐다. 기타 한 대, 동전 한 닢이라고 누가 그랬
던가. 돈 몇 푼 주머니에 구겨 넣고, 선뜻 기타와 배낭을 둘러메고
밖으로 나온 조용필은 내장산, 속리산, 대전 동학사, 범어사 등 명
산대천을 찾아다녔다. 아무도 없는 산속에서 매일 소리를 질러댔
다. 그동안 살아오며 마음속에 품고 있었던 슬픔, 괴로움, 아픔, 원
통함과 섭섭함이 소리와 함께 터져 나오는 것을 느꼈다. 될 거라는
확신도 없었지만, 할 수 있는 일이라고는 계속 한풀이하듯 소리를
질러대는 것뿐이었다. 노래는 남들 들으라고 하는 것이지만, 이 순

간만은 나 자신을 위해서 부르는 것이란 생각도 들었다.

수도승처럼 고행을 하기를 6개월쯤 되던 날, 한순간 비슷한 소리가 나오고 있었다. 내친김에 〈한오백년〉뿐 아니라 각 지역 아리랑, 성주풀이, 흥부전까지도 시도해보았다. 무명 밴드로 활동할 때도 여러 번 도전했으나 잘 되지 않던 허스키 보이스가 자연스럽게 흘러나왔다. 목소리가 시원하게 확 틔었다는 느낌이었다. 흥부전의 여러 대목들은 멋들어지게 부를 수 있었다. 조용필은 이때 득음이라는 게 바로 이런 걸 말하는 게 아닐까 하는 생각으로 가슴이 벅차올랐다. 자신감이 충만해지면서, 대책도 없이 무대에 대한 욕구는 갈수록 커져만 갔다. 하지만 다시 정신을 차리고 보면 바뀐 것은 아무것도 없었다. 창살 없는 감옥 같은 시간이 자꾸만 흘러갔다.

답답한 나날이 계속되던 어느 날, 조용필은 우연히 부산에 놀러 갔다가 동양 클럽이라는 나이트클럽 사장에게서 '잘하는 팀이 있는데, 합을 한번 맞춰보겠냐'는 제안 아닌 제안을 받게 됐다. 은퇴까지 선언하고 나와 명예롭지 못한 꼬리표를 달고 살아가는 조용필로서는 사실 의미 없는 제안이었다. 그럼에도 조용필의 가슴은 오랜만에 무대를 바라보며 쿵쾅거리고 있었다.

하지만 일단은 본의 아니게 그 팀에 피해를 줄 수도 있다는 마음에서 사양을 했다. 그런데도 클럽 사장은 '잠깐만 도와주시면 안 되겠냐'고 계속 간청을 했다. 조용필은 겉으로는 난색을 표했지만 속으로는 기분이 좋았다. 캄캄한 어둠 속에서 내려온 한 줄기 빛

같았다. 결국 못 이기는 척하고 재미로 몇 번만 해보겠다며 승낙을 했다.

클럽 사장은 베이스기타이자 팀의 리더라는 한 사람을 소개했다. 마산 지역에서 활동하는 유재학이라는 사람이었다. 그는 나중에 조용필의 매니저가 되고, 가요 기획사까지 설립, 오랜 기간 동반자가 된 인물이다. 구수한 경상도 사투리에 푸근한 인상이었다. 마음이 잘 맞을 것 같았다.

내친김에 아예 '조용필과 그림자'라는 이름까지 내걸고, 그 클럽 무대에 서게 됐다. 〈돌아와요 부산항에〉의 주인공 조용필이 클럽에 출연한다는 소문이 돌자, 일부러 찾아오는 손님들이 늘기 시작했다. 한두 번 같이 해보려던 조용필은 하루만 더 해보자는 생각으로 계속 무대에 섰다. 결국 그 클럽은 조용필이 무단으로 출연한다는 누군가의 제보로, 1개월간 영업정지를 먹게 된다.

그런데 놀라운 것은 한번 무대 활동을 재개하고 나니, 손이 근질거리고 노래가 부르고 싶어 도저히 견딜 수가 없다는 사실이었다. 내친김에 서울에 올라와서도 단기간으로 이 무대 저 무대에 마구 출연을 했다. 일자리를 찾고 싶다기보다는, 〈한오백년〉을 부르면서 깨우친 가창력을 시험해보고 싶은 욕망이 간절했던 것이다. 조용필은 "이때만큼 노래 부르는 것 자체가 큰 기쁨이었던 적이 없었다"고 회고한다.

세상에서 가장 슬픈 가사 〈창밖의 여자〉

1978년 2월은 조용필이 기다리고 기다리던 날이었다. '대마초 가수'라도 방송을 제외한 무대 활동은 할 수 있다고, 일부 규제 완화 조치가 발표되었던 것이다. 방송 출연은 못 하지만 업소 출연은 얼마든지 할 수 있게 된 것이다. 때마침 부산 동양 클럽에서 잠시 합을 맞춰보았던 팀 리더 유재학이 연락을 취해왔다. 그는 연주자이자, 팀 매니저로 발 벗고 나섰고, 조용필은 그를 친형처럼 의지했다. 7살이 많고 밴드 출신이라 이해의 폭이 컸다. 중앙대학교 신문방송학과를 다니다, 군 복무 후 서라벌예대 문창과에 재입학한 인텔리로 사업적인 판단이 정확했다. 천군만마를 얻은 기분이었다.

유재학을 매니저로 한 조용필 밴드는 팀을 새롭게 구성하고, 본격적인 연습에 들어갔다. 모두 미친 듯이 열심히 연습했다. 소문이 나면서 여러 클럽에서 출연 요청이 들어왔고, 조용필은 일부러 팀 이름도 정하지 않고 무대에 섰다. 트라우마가 생기다 보니 언제 어떻게 될지 모른다는 우려 때문이었다. 또 한동안은 국내 가요는 절대 레퍼토리에 넣지 않고 외국 곡만 연주했다. 가끔 손님들이 반가운 마음에 〈돌아와요 부산항에〉를 신청하면 양해를 구하고 팝을 노래했다. 무단 출연하다가 영업정지 당했던 일 등이 악몽처럼 떠올라 견디기 힘들었기 때문이었다. 이렇게 아는 사람만 아는 이 무명 밴드는 수준 있는 음악을 많이 연주하고 노래하면서 뮤지션들 사이에서 '완전한 밴드'로 이름이 나고 있었다.

그리고 드디어 1979년 12월 6일, 클럽 출연뿐 아니라 방송 활동까지 완전히 해금이 되었다. 조용필은 방에서 연습을 하던 중이었는데 여동생이 방문을 두드리며 "오빠, 빨리 나와서 뉴스 좀 보라"고 했다. 7시 저녁 뉴스에서 대마초 연예인 해금 뉴스와 함께 명단이 나오고 있었다. '조용필' 이름도 분명 그 안에 있었다. 너무 오랜 기간 숨죽이고 지내다 보니 순간 만세라도 부르고 싶었지만, 여동생 앞에서는 아무렇지도 않은 듯 고개만 끄덕였다. 그리고 방으로 혼자 들어가 불을 끄고 드러누워 그 기쁨을 홀로 만끽했다. 수년간 했던 마음고생이 스쳐 지나가며 눈물이 줄줄 흘렀다.

조용필은 마음을 다잡고 다시는 울지 않겠다고 다짐했다. 더 이상 방에서 시간을 보내기가 힘들었다. 그다음 날부터 잠시 연락이 끊겼던 유재학 사장에게 연락이 와서 "당장 서울 올라갈 테니 만나자"고 했다. 방송국 예능 PD에게서도 조만간 보자는 축하 전화가 계속 왔다. '이제 뭐부터 해야 할까' 즐거운 고민을 하던 어느 날이었다. 평소 알고 지내던 동아방송 안평선 PD에게 전화가 걸려왔다. 동아방송이 새로 시작하는 라디오 연속극 〈창밖의 여자〉 주제곡을 작곡하고 노래까지 해달라는 제안이었다.

안평선 PD는 드라마 작가 배명숙이 작사는 다 해놓았는데, 작곡자가 갑자기 펑크를 내서 급하게 섭외하게 되었다고, 솔직히 사정을 털어놓았다. 문제는 일주일 안에 곡을 완성해야 한다는 것이었다.

〈창밖의 여자〉는 1980년 1월, 오전 11시 30분부터 30분간 방송된 라디오 드라마였다. 극본도 이 노래의 가사를 만든 배명숙 작가가 썼다. 남편과 자녀가 있는 기혼 여성과 미스터 한이라는 한 젊은 남성의 사랑 이야기다. 두 남녀의 입장에서 보면 이루어질 수 없는 처절한 사랑이었지만, 결국 불륜이라는 세상의 시각을 넘어서지 못한다. 미스터 한은 그 여성이 늘 창밖에서 자신을 바라보고 있는 것을 안타까워한다.

받아본 가사는 너무나 아름다웠다. 놓칠 수 없는 좋은 기회라 판단하고 곡 작업에 들어갔다. 통기타를 퉁기며 가사를 음미하기를 여러 번, 마음이 급하고 초조하다 보니 집중이 잘 되지를 않았다. 그러다 선잠에 들었는데, 꿈속에서 멜로디가 들렸다. 후다닥 잠이 깬 조용필은 오선지에 악상을 옮겨 적고는 동아방송으로 연락해 녹음 일정을 잡았다. 작곡 의뢰가 들어온 지 닷새가 되는 날이었다.

조용필은 특히 '그대의 흰 손으로' 부분에서 가슴이 찌릿한 전율을 느꼈다. 워낙 초스피드로 진행되다 보니 녹음실 밖에서 걱정 어린 눈초리로 지켜보던 안평선 PD와 배명숙 작가도 가슴에 저며드는 감동에 함께 눈물을 흘렸다. 조용필 전속 레코드사에서도 이 노래를 들어보고 경이로운 곡이라며 흥분했다. 역사적인 정규앨범 '조용필 1집'이 탄생하는 순간이었다.

이 앨범은 1980년 3월 LP판 side A에 〈창밖의 여자〉를 비롯, 〈돌

아와요 부산항에〉,〈잊혀진 사랑〉,〈돌아오지 않는 강〉,〈정〉,〈사랑
은 아직도 끝나지 않았네〉, side B에 그 유명한 〈단발머리〉,〈한오
백년〉,〈대전 블루스〉,〈너무 짧아요〉,〈슬픈 미소〉 그리고 건전가요
〈너와 나〉가 수록됐다. 이 앨범은 전곡이 히트가 되었고, 국내 최초
100만 장 판매고를 올렸다. 게다가 그 해에 각 방송국의 가요상들
을 휩쓸었으며, 향후 내놓는 음반마다 히트하면서 1980년대 가요
계를 '조용필의 시대'로 만들었다.

노력하는 자는 즐기는 자를 이길 수 없다

신문사 부장에게서 조용필의 사랑에 관한 특종을 하나 캐오라
는 '밀명'을 받고 자택 작업실에서 만난 자리, 나는 솔직히 양해를
구했다. 개인적으로 묻고 싶은 것이 아니라 기자로서 묻는 것이니
편안하게 답을 하고 불편하면 답하지 않으셔도 좋다고 했다. 지극
히 사적인 질문이어서 대답하기 거북한 부분이 많을 테니 말이다.
조용필은 이런 이야기는 집에서 하기 힘들다면서 장소를 옮기자고
했다. 마라톤 인터뷰를 시작한 이후 줄곧 집에서 인터뷰하고 술을
먹어도 집에서 마시던 터였다.

조용필은 직접 승용차를 몰고, 강남의 한 라이브 뮤직 카페로 나
를 데리고 갔다. 머리가 복잡할 때면 혼자서라도 가끔 와서 술 마시
고 노래 부르고 가는 곳이라고 했다. 조용필은 키핑해놓은 고급 양
주를 시켜서 한동안 아무 말 없이 술잔만 기울였다. 그러고는 "이

제 노래 좀 할까" 하고는 노래를 부르기 시작했다. 한두 곡 하다 말겠지 했는데, 어느덧 열 곡 이상을 계속 부르고 있었다.

이게 웬일인가, 슈퍼스타 조용필의 콘서트를 바로 눈앞에서 혼자서만 보고 있다니! 가수 단독 콘서트가 아니라, 단독 관객 콘서트였다. 동석한 카페 사장이 "기자님도 노래 좀 하세요" 하고 몇 번을 권유하자, 용필이 형도 내게 마이크를 넘겼다. KBS의 '출입기자 노래자랑'에서 대상을 탄 몸, 나도 가장 자신 있는 노래를 몇 곡 불렀다. 조용필이 "노래 잘하네" 하고 칭찬을 하고 카페 사장도 "가요 기자들은 노래도 잘해야 되나 봐요" 하고 박수를 쳤다. 조용필은 카페 사장에게 잠시 자리를 피해달라 하고는, 그윽한 표정으로 옛일을 회상하면서 내게 많은 이야기를 들려주었다. 조용필의 노래도 듣고, 특종 뉴스도 머릿속에 담았다. 잊지 못할 백만 불짜리 추억이다.

이날 절실하게 느낀 것이지만, 조용필은 정말 노래를 사랑한다. 음악이 직업이 되었지만, 음악 그 자체를 사랑하고 즐기며 살아간다. 음악을 수단이 아니라 목적으로 살아가다 보니 화수분처럼 크리에이티브가 나오는 것이다. 가요 기획사를 설립해 운영하면서도 자신의 음반 관련 외에는 한 번도 다른 사업에 눈길을 주지 않았다. 지금도 음원 제작, 콘서트 등 가수 본연의 업무 외 사업에는 거의 신경을 쓰지 않는다. '천재는 노력하는 자를 이길 수 없고, 노력하는 자는 즐기는 자를 이길 수 없다'는 공자님 말씀이 있다. 조용필은 최고의 프로페셔널 뮤지션이지만, 그 이상으로 음악과 노래를 즐기는 음악 마니아다.

단골 노래방에 가면 기본이 40곡이다. 대개 가수들은 노래방 가길 즐기지 않는 건 물론, 마지못해 가는 경우에도 '나는 무대에서만 노래한다'면서 웬만해선 노래를 사양하는 장면을 흔히 보게 된다. 조용필은 그러나 남의 노래도 아니고, 자기 노래 레퍼토리와 애창 팝&록을 섞어 부른다.

"나와 함께 노래하고 춤도 추고 마음껏 즐깁시다. 오케이? 저는 별로 멘트가 없습니다. 여러분이 노래 다 아니까 그냥 즐기세요. 저는 노래할게요. 지난해 진짜 몇 년 만에 콘서트를 했어요. 연습을 많이 했지만 떨리고 부푼 가슴을 어찌할 줄 몰랐어요. 오늘도 많이 환호해주고 같이 노니까 너무 좋네요."

콘서트 현장에서도 이렇게 공연을 펼친다. 이것이 조용필의 진심이다.

가장 즐기는 일을 가장 잘하는 사람을 복받은 사람이라고 한다. 그냥 먹고살기 위해 음악을 한다면 오래가지 못할 수도 있다. 돈만 앞세우다 보면 좋은 음악이 나올 수 없다. 노래 한마디가 다 돈으로 보이면 진정성이 있을 수가 없다. 조용필은 그가 부르는 노래 속에 시대정신이 있고, 그 인생의 희로애락이 모두 담겨 있다. 음악이기

이전에 문학과 철학으로 평가받기도 한다.

조용필의 나이트쇼,
한 걸음 앞선 음악 아낌없이 드리겠습니다

조용필은 가수 인생 22주년, 처음으로 FM 음악방송 DJ를 맡았다. 1991년 6월 22일 자정, MBC FM 〈조용필의 나이트쇼〉 진행자로 변신한 것이다. 조용필은 음악다방 DJ 경험도 없다. 말도 그리 조리 있게 잘하는 편이 못 된다. 그런데도 조용필이 이 프로그램 DJ를 맡은 것은 원 없이 많은 외국 음악을 접하고 즐기고 싶었기 때문이다.

현장 취재 차 스튜디오로 가보니, 담당 라디오 PD가 춤을 추는 듯한 모션으로 DJ 조용필에게 수신호를 보내고 있었다. 스튜디오 내의 조용필이 화답을 보내고 있었다. 이 프로그램은 같은 심야 시간대 프로그램이 조용한 발라드 위주인데 반해 강한 비트의 로고송과 라이브 음향으로 잠자던 사람들도 깨워 일어나게 하는 파격적 콘셉트였다.

"안녕하세요. 여러분의 조용필입니다. 한 걸음 앞선 음악 아낌없이 드리겠습니다."

여기서도 용필이 형의 진취적 자세가 여실히 드러나고 있었다.

처음이자 마지막으로, 6개월 기한을 두고 프로그램을 진행했는데, 10~20초짜리 로고송 한 곡 만드는데 밤샘 녹음 작업을 했다. 조용필은 당시 국내외 다양한 장르의 음악을 직접 선곡, 어디서도 접할 수 없는 곡들을 소개했다. 언더그라운드 현장에서 잔뼈가 굵은 밴드 출신으로 붙이는 멘트도 리얼하게 어필했다.

노래 이야기

조용필의 노래는 세대와 장르를 초월한다. 대부분 록이면 록, 발라드면 발라드, 댄스면 댄스, 트로트면 트로트 등 히트곡을 낸 장르만 계속 추구하지만 조용필은 록밴드 기타리스트 출신으로 록은 물론, 팝, 트로트, 민요, 발라드부터 아무도 예상 못한 〈바운스〉 같은 파격적인 곡을 발표하는가 하면, 콜드플레이, 마룬 파이브 같은 글로벌 대세 밴드류의 음악도 거침없이 재창조해내고 있다.

국가대표급 이별가 〈대전 블루스〉

〈대전 블루스〉는 이별의 끝판왕이다. 남녀상열지사의 차원을 훨씬 넘어서 과거와 나와의 이별, 그동안 익숙하게 살아오던 모든 환경과의 단절이다. 이별을 경험하는 그때 그 누구도 자신의 아픔을 알아주지 않을 때 마음이 〈대전 블루스〉에 담겨 있다.

원곡은 1956년 안정애가 불렀으나 1980년 조용필 1집 앨범에 수록되어 잘 알려져 있다. 이 노래는 특히 1970~1980년대 대학가에서 많이 불렸다. 자신의 의지와는 관계없이 어디론가 떠나야 하는 청년들이 많아서였다. 나 역시 군 입대 전 친구들끼리 아쉬운 밤을 보낼 때 〈대전 블루스〉를 부르고 또 불렀던 기억이 있다. 게다가 암울하던 군부 독재 시절, 강제 징집되는 학생들의 아픔은 이루 말할 수 없었을 것이다.

1980년 9월, 논산 훈련소에서 8주간의 훈련을 마친 병력은 밤차를 타고 새벽에 용산역에 도착했다. 신병들 가운데 강원도 전방으로 향하는 병력은 더플백을 짊어지고 의정부행 1호선 전철로 갈아탔다. 새벽 용산에서 출발하는 첫 전철이라, 우리 신병들을 제외하고 민간인은 거의 없기 마련인데, 어떻게 정보를 듣고 나왔는지, 일부 신병들의 부모와 친지들이 전철 안으로 들이닥쳐 이름을 부르며 아는 얼굴들을 찾았다. 용케 만난 부모와 아들 병사가 서로 껴안고 한마디라도 더 전하려는 장면에 호송병들은 호통을 치며 제지를 했고, 부모들은 전철 밖으로 밀려나서 손을 흔들며 아쉬움의 눈물을 흘렸다.

그때 누군가 '잘 있거라 나는 간다 이별의 말도 없이'를 나직한 목소리로 불렀다. 누가 먼저라고 할 것도 없이 모두들 따라 불렀다.

〈대전 블루스〉의 작사가는 열차 승무원으로 10년 넘게 근무한 최치수이다. 어느 날 밤 대전역 내에서 청춘남녀가 두 손을 꼭 잡고 서로를 바라보며 눈물을 흘리는 장면을 목격했다. 10분 후 무심한 기차는 플랫폼으로 들어오고 있었고, 그 남녀는 차마 떨어지지 않는 손을 놓아야만 했다. 그 두 남녀가 어떤 사연을 지니고 있는지는 알 수 없었지만, 작사가는 그 순간의 감정을 글로 옮겨놓지 않을 수 없었다.

훗날 최치수 작사가는 음반 회사 직원으로 들어갔고, 작곡가 김부해에게 곡을 의뢰했다. 노래는 1950년대 당시 '블루스의 여왕'으로 불리던 안정애가 부르게 됐다. 결과는 대박으로, 음반회사 창사 이래 최대 판매량을 올린 것으로 전해진다.

조용필이 1980년, 14년 만에 리메이크한 〈대전 블루스〉는 〈한오백년〉과 궤를 같이한다. 〈대전 블루스〉의 원곡은 민요를 기반으로 한 단조의 트로트였지만, 조용필의 리메이크작 앨범은 신시사이저가 도입되었고, 중후한 블루스가 가미됐다. 당시로서는 첨단 사운드가 도입된 획기적인 음반이었다. 거기에 〈한오백년〉의 판소리 창법을 시도한 곡이다. 가수는 노래 따라간다는 말이 있듯이, 이 앨범을 시작으로 조용필의 1980년대는 판타스틱했고, 드라마틱했다. '슈퍼스타'를 넘어서 '가왕'의 자리에 등극했다.

그대 발길 머무는 곳에

"홍 기자는 이 노래들 중에서 어떤 노래가 마음에 드나?"

자택에서 인터뷰를 나누던 중, 용필이 형이 문득 내게 물었다. 〈마도요〉,〈진실한 사랑〉,〈아하! 그렇지〉 등이 수록된 9집 앨범이었는데 나는 노래를 다 듣고 나서,〈그대 발길 머무는 곳에〉가 가장 가슴에 와닿는다고 답했다. 자연스럽게 리듬을 타는 차원을 넘어서서, 귀에 착착 달라붙는 것 같았다. 조용필은 그 비트 하나하나를 미세하게 쪼개서 부르고 있었다. 기타 반주와 노래가 혼연일체를 이루고 있었다. 아련한 사랑의 기억이 샘솟는 것 같았다.

조용필은 방송에 나가서 부를 레퍼토리를 선곡 중이라면서, 가요 기자의 호평에 "역시!" 하며 엄지를 세우고, 자신도 그렇다면서 만족한 미소를 띠었다. 나중에 알았지만, 이 곡은 조용필 자신이 세운 기획사 필기업 첫 앨범 수록곡이어서 더욱 애착이 가는 노래였을 것이다.

대다수의 곡들은 조용필 본인이 작곡을 했지만, 이곡은 조용필과 둘도 없는 음악 동지 고(故) 이호준이 작곡하고, 하지영이 작사한 노래였다. 〈그대 발길 머무는 곳에〉는 경쾌한 리듬에 단순한 코드 진행이지만, 짙은 페이소스가 느껴지는 곡이다.

특히 가사는 정말 아름답고 문학적이다. 앨범이 발표되던 당시에 1987년 노랫말 연구회 주최 제1회 한국가요 노랫말 대상에서 '아름다운 노랫말상'을 수상했다. 2023년에는 KBS 주말 드라마 〈진짜가 나타났다〉 OST로 미스터 트롯 출신 김희재가 리메이크해서 관심을 모았다. 주인공인 백진희와 안재현의 애틋한 사랑 이야기가 뮤직비디오에 깔려 많은 조회수를 올리고 있다.

꿈

조용필은 늘 앞서가는 음악을 해야 한다고 입버릇처럼 되뇌었다. 한두 곡 반짝 히트에 취해서 그 자리에 안주하고 있으면, 어느 한순간 추억팔이 가수로 남을 수밖에 없다는 이야기를 수도 없이 했다. '다음 앨범이 기대된다. 어떤 구상을 하고 계시는가' 하는 질문을 던지면, 늘 창작의 고뇌에 힘들어하면서도, 결코 매너리즘에 빠지지 않으리라는 단호한 모습을 보였다.

과연 조용필의 오늘날을 지켜보면, 현재의 새로운 노래들로 인해 과거의 스테디셀러들의 가치가 더 높아진다는 느낌이다. 과거 불후의 명곡들이 쌓이고 쌓여, 신곡이 더 빛이 나며, 옛 추억의 노래가 추억에만 그치지 않고, 재조명되며 동반 상승되는 시너지 효과가 일어나고 있는 것이다. 요즘 새로운 트렌드로 대두되는 '뉴트로'의 전형을 보여주는 것 같다.

1990년대 초, 〈꿈〉을 내던 당시에도 조용필은 이미 미래를 예견하고 있었다. 〈돌아와요 부산항에〉, 〈창밖의 여자〉, 〈한오백년〉 등 전통 가요 스타일로 1980년대 가요계를 완벽하게 접수한 조용필이 이미 새 시대를 향한 본격 행보를 내딛고 있었다는 말이다.

조용필은 늘 그랬듯이 구상하던 신곡을 들려주며 "이 노래 어때" 하고 물었다. 아직 완성된 노래는 아니라고 했다. 스팅의 폴리스 밴드 시절 같기도 하고, 브라이언 애덤스의 색깔도 느껴졌다. 나는 속으로 조용필이 결국 솔로가 아닌, 밴드 본색으로 돌아가나 보다 하고 생각했다. 귀가 번쩍 트이는 노래였다. 본토 팝 음악 같으면서도 딱 '조용필표' 록발라드였다.

"너무 좋습니다. 좀 많이 앞서 나간다는 느낌은 있는데, 다른 사람은 몰라도 저는 너무 좋습니다. '최고'라고 평하고 싶습니다."

조용필은 만면에 미소를 띠었다.

〈꿈〉은 조용필 13집 'The Dream'의 타이틀곡으로 전곡이 조용필 자작곡으로 이뤄져 있다. 그만큼 조용필이 공을 들인 앨범으로 애착이 남다르다. '꿈꾸던 사랑, 기다림, 꿈의 요정, 지울 수 없는 꿈, 아이마미, 꿈을 꾸며, 추억이 잠든 거리, 장미꽃 불을 켜요, 어젯밤 꿈속에서' 등 수록곡들이 '꿈'이라는 하나의 콘셉트로 유기적으로 연결되어 있다. 1991년 발매된 이 앨범에서 조용필은 때론 힘들고 슬펐지만, 꿈을 꾸며 살아내고 이겨냈던 자신을 토닥토닥 두드려주며, 언제까지든 꿈꾸는 청년처럼 살아가겠다는 에너지를 얻은 것 같다.

조용필은 이후 〈응답하라〉 시리즈의 주인공이 되기보다는, 매년 신인 같은 마음으로 더욱 세련되고, 더욱 진취적인 음악을 추구해 나갔다. 조용필의 꿈은 계속될 것이다.

추억 속의 재회

〈꿈〉을 이야기하면서 〈추억 속의 재회〉를 거론하지 않을 수 없는 법이다.

그동안 조용필의 절규하듯 부르는 창법에 눈물을 쏟아내던 팬들에게는 시원하지 않겠지만, 절제의 묘미가 있는 곡이다. 영화나 드라마에서 배우가 너무 울어버리면 관객이 덜 슬픈 것처럼, 〈추억 속의 재회〉는 팬들에게 공간을 충분할 만큼 비워준 것이다. 이러한 콘셉트는 같은 앨범의 〈이젠 그랬으면 좋겠네〉로, 다음 앨범인 13집의 〈꿈〉까지 계속 이어진다.

조용필은 〈꿈〉과 〈추억 속의 재회〉는 동시에 만든 곡이며, 곡에 너무 애정이 느껴지다 보니 아까워서 〈추억 속의 재회〉가 12집, 〈꿈〉은 13집, 두 앨범에 걸쳐 출반됐다고 밝혔다.

1990년에 발표된 12집은 오히려 13집보다도 큰 의미가 있는 앨범으로, 1980년대 조용필과 작별을 고하고 1990년대 새로운 조용필 시대가 열린다는 의미가 담겼다. 1990년대를 향한 첫걸음이었다. 10집 앨범이 파트1, 2 두 장으로 나와서, 파트2가 11집을 대체 한다. 조용필은 이 앨범 수록곡 10곡 중 7곡을 직접 작곡하며, 가요계의 앞선 흐름을 선도했다.

그 언젠가 나를 위해 꽃다발을 전해주던 그 소녀

〈단발머리〉는 나의 군 복무 시절, 전방부대 철책 경계근무를 서면서 밤새도록 귀에 못이 박이도록 들었던 노래다. 당시 남북 초소에서는 번갈아 가며 대북 대남 방송을 주고받았는데, 틀에 박힌 북한 방송이 끝나자마자 바로 등장하는 순서가 〈단발머리〉였고, 그 당시 경계병들은 〈단발머리〉 가사를 달달 외우지 않을 수 없었다.

〈단발머리〉는 1980년 3월 발표된 조용필 1집에 수록된 노래다. 박건호가 작사하고 조용필이 작곡한 이 곡은 발표 당시 센세이셔널한 반응을 일으켰다.

도입부 노랫말이 경쾌한 비트와 아날로그 신시사이저 음향에 착 달라붙듯 어울리는데, 멜로디 라인과 노랫말의 싱크로율이 100%라 해도 과언이 아니다. 아날로그 신시사이저 반주가 매우 인상적으로, 재미있고 트렌디한 음악이다 보니, 015B, 엠씨더맥스, 데이브레이크, 악동뮤지션 등 많은 후배들이 커버했다. 2018 평창 동계올림픽 개회식 때는 EDM풍으로 편곡되어 선수단 입장곡으로 나오기도 했다. 히트 시기가 1980년이다 보니, 근래 광주 항쟁 배경의 영화 〈택시 운전사〉에서 택시 기사 송강호가 라디오에서 나오는 곡을 따라 부르는 장면으로도 잘 알려졌다.

〈단발머리〉는 미국 롤링스톤지에서 '한국 대중음악 역사상 가장 위대한 100곡'으로 선정되며 재조명됐다. 롤링스톤은 '조용필은 이 노래를 통해 기발한 가성, 세계적인 아날로그 신시사이저, 메이저 7화음으로 한국 대중음악의 혁명을 일으켰다'라고 평했다.

박건호는 조용필의 〈단발머리〉와 〈모나리자〉를 비롯, 이용의 〈잊혀진 계절〉, 정수라 〈아 대한민국〉, 설운도 〈잃어버린 30년〉, 나미의 〈빙글빙글〉, 임수정의 〈연인들의 이야기〉 등 빅 히트곡들을 작사한 가요계의 거장이다. 뇌졸중으로 인한 후유증으로 지난 2007년 58세의 나이로 별세했다. 고인의 고향인 원주에 가면 박건호 공원이 있는데, 공원에는 그가 작사한 아름다운 선율의 노래들을 실은 노래비들이 산책로를 따라 가지런하게 세워져 있다.

시대적 상황을 입은 노래들 〈허공〉

국민가요 〈허공〉은 조용필의 어머니가 가장 좋아했던 곡이다. 1985년 11월 지구레코드에서 발매한 조용필 8집 앨범 타이틀곡이다. 1989년 5월 28일 잠실 체조경기장 콘서트 중 객석에 자리하고 있던 어머니를 무대에 모셔서, 사회자가 '아들 노래 중 어떤 노래를 좋아하냐'고 묻자, '〈허공〉이요'라고 대답했던 노래로 팬들에게 잘 알려져 있다. 그런 만큼 조용필이 가장 진정성을 다해서 부르는 노래이기도 하다. 〈허공〉은 당시 16살 여중생이었던 배우 김혜수가 출연한 뮤직비디오로도 화제가 됐다. 조용필 본인도 이 뮤직비디오에 낡은 사진관 주인으로 출연, 김혜수와 연기 호흡을 맞춰 눈길을 끌었다.

'허공 속에 묻힐 그날들'이라는 가사처럼 누가 봐도 이뤄지지 않은 사랑에 대한 아쉬움과 그리움을 잊으려는 애절한 노래이다. 그런데 〈허공〉의 작사가는 세월이 지나 이 노래를 시대적 상황의 울분을 토로하는 마음으로 썼다고 고백한 바 있다. 음악 저작권협회에 작사 정욱, 작곡 정풍송으로 등록되어 있지만 정욱은 정풍송의 필명으로, 동일인이다. 정풍송은 〈허공〉을 비롯, 〈갈색 추억〉 등 수많은 히트곡을 발표했고 1994년~2000년 KBS 전국노래자랑 심사위원으로도 잘 알려져 있다.

사연인즉슨 1979년 10·26사태로 1980년 '서울의 봄'이 오는가 했으나, 신군부가 나서면서 물거품이 되자, 참담한 심정을 달랠 길 없어서 울면서 작사했다는 것. 민주화를 훨씬 앞당길 수 있었다는 안타까움이 진하게 남아 있는 곡이라는 것이다. 가사는 '꿈이었다고 생각하기엔 너무나도 아쉬움 남아/가슴 태우며 기다리기엔 너무나도 멀어진 민주'였는데, 아무래도 공연윤리위원회 사전검열을 통과할 것 같지 않아서, 스스로 '민주'를 '허공'으로 수정했다.

1981년 조용필 3집 앨범 수록곡인 〈일편단심 민들레〉도 시대적 상황이 짙은 가슴 아픈 노래다. 일편단심 민들레는 6·25 때 납북된 남편을 그리워하며 지은 시로, 조용필은 1981년 당시 72세의 이주현 할머니가 기고한 '햇빛 본 할머니의 꿈'을 우연히 접하고, 큰 감동을 받았다. 이주현 할머니는 모 신문사 국장이던 남편과 결혼해 살았는데, 한국전쟁이 터지면서 남편과 생이별을 했다. 이후 언젠가는 돌아오겠지 하는 기대감으로 3남매를 키우며 억척스럽게 살았다. 사무치는 그리움으로 지새던 나날들이 지나 어언 30년 세월, 이제는 72세가 된 이주현 할머니가 그동안 남편을 향한 일편단심 사랑을 1천 장 분량 원고지에 담아 투고했던 것이다. 그 자전적 이야기의 제목이 '일편단심 민들레'였다.

이 글은 사랑하는 남편 이름을 부르며, 민들레처럼 밟혀도 밟혀도 고개를 쳐드는 민들레같이 오매불망 당신만을 생각하며 살아왔지만, 이제 살아갈 날도 얼마 남지 않았다는 이야기가 절절하게 담겨 있다. 조용필은 눈물 없이는 다 읽을 수 없는 이 글을 받아 가사로 옮기고 즉석에서 작곡을 했다.

'그 여름 어인 광풍'이란 가사는 한국전쟁을, '낙엽지듯 가시었나'는 떠나서 돌아오지 못한 남편을 가리키며 이산가족의 아픔을 담아내고 있다. 2020년에 임영웅이 이 노래를 커버한 영상으로 더욱 화제가 되었다.

파스 뮤지카에서 아시아의 가수들과 함께 불렀던 〈친구여〉는 조용필의 의지와 관계없이 대학가에서 감옥에 끌려간 학생들을 그리워하는 노래로 불리기도 했다. 운동권에서는 낮에는 시위 현장에서 민중가요를 부르다가, 밤에는 술을 마시며 조용필 노래로 스트레스를 푼다는 이야기도 돌았다. 숨 막히는 듯한 삶의 무게를 풀어내는 해방구였다고 한다. 조용필은 저항 시인으로 유명한 고 김지하 시인과 깊게 친분을 나누며 곡 작업을 함께 시도하기도 했다.

작사가 이애경의 〈기다리는 아픔〉

조용필은 대중들이 다 아는 히트곡들 외에도 숨은 명곡들이 많다. 그중에서도 〈기다리는 아픔〉은 사랑으로 아파하고 애를 태우는 1990년대 감성을 극대화시킨 노래다. 사랑하고 헤어지는 일이 쿨하기 그지없는 MZ세대들과 180도 결이 다른 곡이다.

이애경, 김성환 작사, 김정욱 작곡의 〈기다리는 아픔〉이 수록된 조용필의 17집 앨범은 1998년 발매됐다. 조용필 30주년 앨범으로, 시대적으로는 IMF라는 국가적 위기 속에서 나온 곡들이다 보니, 힘들어하는 사람들에게 위안을 주는 곡들로 이뤄졌다.

〈기다리는 아픔〉의 작사가 이애경은 경향 굿데이신문 연예부 가요 기자로 재직 당시 사회부에 근무하던 후배 기자로, 신문사에서 나온 이후에는 한동안 가요 기획사 매니지먼트 일을 했고, 최근에는 에세이류의 책을 출간하는 등 작가로 활동하고 있다. 17집 앨범에서 〈영혼의 끝날까지〉, 〈내 삶의 이유〉, 〈작은 천국〉, 〈나의 사랑은〉 등 무려 다섯 곡에 작사가로 참여했고, 2003년 9월 18집 앨범으로 나온 〈꿈의 아리랑〉도 작사했다.

이애경 작가는 원래 음악 잡지 기자 출신으로, 조용필과는 인터뷰를 통해 여러 차례 만났다. 어느 날 조용필이 악보를 건네면서 작사 한번 해보면 어떻겠냐고 제안했다. 이애경 기자의 작사가로서 능력을 가왕 조용필이 제대로 알아본 것이다. 이애경 작가는 "용필 선배와는 연배 차이가 있다 보니, 먼저 사랑에 대한 그분의 삶의 무게를 이해하려고 고민하고, 노력했다"고 전한다.

> "작사 작업이 다 끝나고, 동부이촌동 서울 스튜디오에서 있었던 녹음 현장은 지금도 잊을 수 없어요. 용필 선배님의 마음을 제 글로 잘 풀어낸 걸까, 잔뜩 긴장하는 마음으로 지켜보았습니다. 그런데 잠시 후 용필 선배님의 목소리에 노랫말이 담겨 나오는데, 온몸에 전기가 흐르는 듯 전율이 왔어요. 자음, 모음 글자 하나하나가 움직이는 듯 살아나면서, 감동이 밀려왔습니다. '코어'가 대단했어요. 이래서 '가왕'이구나 하는 생각에 뜨거운 박수를 보냈습니다."

이애경 작가는 같은 앨범 수록곡인 〈작은 천국〉에도 깊은 애정이 있다. 조용필은 2002 장애인올림픽 현장으로 나가서 어린이들과 함께 걸으며 〈작은 천국〉을 불러 더욱 화제가 됐다.

〈상처〉

장경수 작사, 장욱조 작곡의 〈상처〉는 조용필의 대표적인 숨은 명곡이다. 이 곡은 조용필 8집 앨범에 〈허공〉,〈바람이 전하는 말〉, 〈킬리만자로의 표범〉과 함께 수록된 노래다.

조용필은 〈상처〉가 앨범에 수록되어 있다는 사실조차 잊어버렸다가, 주부가요열창과 노래방 인기곡으로 떠오르면서 다시 연습해서 불렀다. 1996년 한 음악프로그램에서 "〈상처〉를 불렀던 것을 잊고 있어서 창피스럽습니다. 주변에서 많은 사람들이 이 노래를 좋아하고 노래한다는 사실을 알고 확인해보니 제가 부른 노래가 맞더라고요. 그래서 다시 연습해서 불러보려고 합니다"라며 쑥스러워했다.

충남 수안보 물탕 공원 노래자랑에서 91세 할머니가 〈상처〉를 열창하는 영상이 큰 화제가 됐다. 당시 현장 관객들은 지팡이를 짚고 가슴속에 고이 간직해온 사연을 회상하듯, 애절하게 노래하는 할머니의 모습에 열화 같은 박수를 보냈다. 코미디언 이경규도 예능 프로그램에서 〈상처〉를 최애곡이라고 소개하며 노래를 부르기도 했고, 김희재는 미스터 트롯 프로그램의 '사랑의 콜센터'에서 〈상처〉를 리메이크했다. 불후의 명곡 프로그램에서 이 노래를 부른 백청강은 이렇게 말했다.

"상처받은 남자들의 노래입니다. 저도 상처를 많이 받아보았는데요. 그때 받은 상처를 떠올리며 부르겠습니다."

8집 앨범은 1985년 조용필이 6년간 방송 가요 대상을 독점하며, 가요계 1인 독주 시대를 열었던 시점에 출반됐다. 전작 앨범과 달리, 조용필 자작곡이 단 한 곡도 없다는 점이 특이하다. 이는 항상 새로움을 입기 원하는 조용필이 음악적인 변신을 시도하기 위함이었다.

쌍둥이 노래 〈킬리만자로의 표범〉과 〈세렝게티처럼〉

조용필이 1985년 발표한 〈킬리만자로의 표범〉과 2022년 11월 발표한 〈세렝게티처럼〉은 동전의 앞뒷면 같다. 이 두 곡은 시대도 다르고 작사 작곡자도 다르지만, 콘셉트가 일맥상통한다. 37년 전 〈킬리만자로의 표범〉을 통해 조용필의 미래를 예언했고, 〈세렝게티처럼〉으로 그 약속을 지킨 것이 된다.

〈킬리만자로의 표범〉은 짐승의 썩은 고기만을 찾아다니는 하이에나처럼 타락한 아티스트가 되기보다는 눈 덮인 산 정상까지 이상을 향해 올라가다가 처절하게 얼어 죽는 표범이 되겠다는 장엄한 선포다.

〈세렝게티처럼〉의 가사는 빌딩들 사이로 좁아진 시야, 사람들 틈으로 구겨진 어깨를 다시 넓혀 세상을 향해 달려가자는 강력한 응원의 메시지가 담겼다.

두 곡 모두 고난의 시기에 세상에 휘둘리지 말고, 초심으로 돌아가 소신껏 살아가자고 조용필 자신을 향해, 그리고 세상을 향해 소리친다.

〈킬리만자로의 표범〉은 처음 출반될 때 엄청난 곡절을 겪었다. 그 당시 대중가요의 러닝타임이 3분을 넘으면 안 된다는 불문율이 있었는데, 이 곡은 5분 20초의 대곡이다 보니 음반사 직원들의 강력한 반대에 부딪혔다. 가사가 너무 길어 조용필이 3년 넘게 외우지 못했다는 후문이 있을 정도다.

잘못하면 곡이 누락될 위기에 처했으나 이 앨범에서 조용필과 첫 콤비를 이룬 양인자, 김희갑 작사 작곡가 부부가 물러서지 않고 밀어붙인 끝에 결국 음반 1면 두 번째 곡으로 수록됐다. 그리고 음반은 대박을 쳤다.

조용필은 한참 후인 1998년 탄자니아 정부로부터 나라의 이미지를 높여주었다며 감사패를 받았다. 이듬해에는 탄자니아 정부 초청을 받아서 킬리만자로를 비롯, 탄자니아 밑자락에 있는 세렝게티 국립공원까지 둘러보게 된다. 그때 지평선이 보이는 평원의 경이로운 풍경은 조용필에게 커다란 감동을 주었다.

조용필은 1999년 서울 예술의 전당 오페라 극장 콘서트 당시 '탄자니아 여행에서 감동받은 세렝게티 평원을 소재로 노래를 만들어 부르고 싶다'고 밝힌 바 있다. 그 후 소중하게 가슴속에 담고 있던 소망이 2022년 11월 〈세렝게티처럼〉으로 결실을 본 것이다.

기타리스트에서 보컬리스트로 운명을 바꿔준 노래
〈리드 미 온(Lead Me On)〉

〈리드 미 온(Lead Me On)〉은 일반 대중들에게 잘 알려져 있지 않은 곡이다. 하지만 조용필의 수많은 발표곡 중 수년간에 걸쳐 여러 앨범에 수록된 곡이다. 그만큼 조용필이 남다르게 애착을 보이는 애창곡이라고 할 수 있다. 이 곡은 조용필이 무명 밴드로 활동하던 시절인 1971년, 1972년, 1976년의 초기 음반에 나타나며, 1981년 3집 앨범에는 〈님이여〉 한국어로 개사해서 발표된다.

때는 1960년대 말, 조용필이 용주골, 경기도 광주 등 미8군 클럽을 무명 밴드로 전전하던 시절이었다. 그 무렵 조용필은 가수가 아니라 기타리스트였다. 하루는 밴드의 보컬이 갑자기 군 입대 문제로 클럽에 출근하지 못했다. 어쩔 수 없이 조용필이 노래까지 불러야 했는데, 클럽에 놀러 온 어느 미군 병사가 예기치 못한 부탁을 해왔다. 다음 날이 자신의 생일인데, 〈리드 미 온〉을 들으면서 한잔하고 싶다는 것이다.

이 노래를 들으면 고향에 두고 온 애인과 사랑을 나누던 기억이 솟아난다고 했다. 멀리 떨어져 있지만 생일만큼은 그 애인과 클럽에서 블루스 춤을 춘다는 느낌으로 지내고 싶다는 것이었다. 병사의 사연이 워낙 간절하다 보니, 조용필은 무조건 그 부탁을 들어주기로 마음먹었다.

〈리드 미 온〉은 소울과 블루스의 거장 바비 블랜드의 노래다. 그는 1981년 블루스 명예의 전당, 로큰롤 명예의 전당에 헌액되었으며, 1997년 그래미 공로상을 수상한 미국 블루스의 명장이다. 그런데 〈리드 미 온〉의 악보를 구할 수가 없었다. 조용필은 그날부터 바비 블랜드의 원곡 음반을 구해서, 노래는 물론 밴드의 각 파트 연주까지 오로지 청음만으로 악보를 채보했다. 다음 날 밴드 멤버들을 일찍 만나서 만족스러울 때까지 몇 번이고 연습했다.

그날, 병사는 클럽 맨 앞 테이블에 자리를 잡았고, 〈리드 미 온〉을 들으며 감격의 눈물을 흘렸다. 그는 조용필의 노래가 원곡보다 더욱 가슴에 와닿았다면서 군 생활을 마치고 고향에 돌아가더라도 평생 가슴속에 남을 것 같다면서 고마움을 표했다. 조용필은 대체 자신의 노래가 어땠길래, 눈물 흘리는 병사를 보고 새삼 가수에 대한 의지가 불타오르기 시작했다. 이는 기타리스트 조용필이 보컬로 화려하게 변신하는 일생일대 전환점이 되었다.

〈리드 미 온〉은 1981년 작사가 지명길이 우리말로 번안해 〈님이여〉로 리메이크됐다. 노래는 담담한 톤으로 시작되지만, 점차 솟아나는 그리움을 이기기 힘들다. 몸은 여기 있지만, 마음만은 그대를 부르며, 최대한 절제의 아름다움을 보인다. 조용필은 분명 원곡을 넘어선 감동을 전했다.

영원한 사랑 〈진(珍)〉

조용필이 평생 가장 사랑했던 여인은 고인이 된 부인 안진현 여사일 것이다. 두 사람은 1994년 3월 25일 결혼했고, 2003년 1월 5일 죽음이 이들을 갈라놓았다. 10년간 진정으로 사랑하고 마지막 순간까지 행복했다. 두 사람은 평범한 남편과 아내처럼 마트에 장보러 가길 즐거워했고, 저녁 밥상을 차리면서 행복해했다. 서로가 일 때문에 한국과 미국에서 떨어져 지낼 때는 손에서 전화기를 놓지 않고 수시로 안부 전화를 하며 사랑의 마음을 나눴다. 성숙하면서도 순수한 사랑이었다.

조용필은 지금까지도 떠나간 아내를 위해 〈돌아오지 않는 강〉, 〈떠나가는 배〉를 노래하며, 가슴에 묻은 슬픔과 그리움을 달랜다. 2003년 9월 4일에는 아내를 위한 헌정곡 〈진(珍)〉을 발표했다. 이 곡은 조용필의 18집 앨범에 수록됐다. 조용필은 너무도 큰 슬픔과 충격에 평소처럼 곡을 쓸 수가 없어서, 작사는 절친한 친구인 양인자에게, 작곡은 위대한 탄생 베이스 이태윤에게 맡겼다.

> "오늘 저녁 시간 되면 들러. 마누라가 돼지고기 김치찌개 맛있게 끓일 것이니, 와서 소주 한잔하자."

조용필은 가끔 전화를 걸어와서 말했다. 그럼 나는 그날만큼은 만사를 제치고 서초동 자택으로 찾아갔다. 때때로 위대한 탄생 밴드 멤버들이 먼저 와서 회의를 하고 있었다. '시장할 테니 먼저 먹으라'고 해서 혼자 식탁에 앉으면, 안 여사는 김치찌개와 밑반찬을 놓으면서 요것도 먹어보라 저것도 먹어보라 권했다. 또 기자로서 바라보는 가수 조용필은 어떤 모습이냐며 조심스럽게 묻기도 했다. 한국 연예계에 대해서도 궁금해했다. 내가 이야기를 풀어놓으면 똘망똘망한 눈을 더 크게 뜨면서 관심을 보였다.

그때까지도 노총각이었던 내게 왜 아직 결혼을 않고 있냐며 묻기도 했다. 한때 유력한 로비스트로 알려졌던 여성이었지만, 저녁 식탁에서 만나는 형수의 모습은 무척 진솔하고 소탈해보였다. 한번은 내가 후배 기자들과 저녁을 먹다가 조용필 집으로 이 일행들을 몰고 간 적이 있었다. 이들 중에는 포크 가수 출신 기자도 있었는데, 형수의 요청으로 즉석에서 통기타 반주로 노래를 했다. 이 광경을 바라보며 행복한 웃음을 짓던 안진현 씨의 모습이 아직도 눈에 선하다.

안진현 씨는 대외적으로는 대단한 능력의 사업가였지만, 집 안에서는 그림자처럼 조용필을 내조하는 부인이었다. 조용필은 집에서 식사 준비하는 형수를 바라보며 '여보 밥 다 됐나'라고 하다가 가끔은 '우리 집 부엌데기'라고 익살을 떨기도 했다.

원고를 탈고하고, 책의 제목을 무엇으로 할지 고민이었다. '청춘 조용필'을 비롯, '오프 더 레코드', '용 필', '조용필, 살다, 부르다, 꿈꾸다' 등 여러 아이디어가 나왔다. 각계각층에 의견을 물었는데 정말 다양한 의견이 있었고, 모두 나름의 설득력이 있었다.

결국 제목은 '청춘 조용필'로 낙점되었다. 작가인 나도 '청춘 조용필'에 가장 눈길이 갔다. '청춘 조용필' 하면 '용필이 형'이 잔잔한 미소를 띠며 '그래, 좋은데?' 하고 오케이 사인을 보낼 것 같은 느낌이었다. 가장 중요한 것은 팬클럽의 팬분들 다수가 '청춘 조용필'을 선택했다는 사실이었다.

'용필이 형'의 책이 나오면 이 세상에서 가장 먼저 달려가 찾을 사람은 조용필을 사랑하고 아끼는 팬분들이다. 그들이 있었기에

'가왕' 조용필이 존재했고 앞으로도 그러할 것이다. 이 책이 나오기까지 조언을 아끼지 않으셨던 팬분들께 감사를 전한다.

이 책은 당초 '조용필 평전' 콘셉트로 집필을 시작했지만 신랄한 비평 서적도, 〈이제는 말할 수 있다〉 같은 심각한 다큐멘터리도 아니다. 사실 '오마주 조용필'이다.

내가 적고자 한 것은 현직 기자 시절 기사로 옮겨 적지 못했던 '용필이 형'의 소탈한 일상과 무대 뒤에서의 인간적인 모습이다. 더 나아가서 다시는 돌아오지 않을 청년 시절 조용필의 찬란했던 시절을 가장 가까운 곳에서 바라본 기자의 시선을 옮기려고 노력했다.

36년 만에 원고를 집필하기 위해 그간 놓쳤던 자료를 수집하고, 주변 관계자들에게 보충 취재를 하면서 깨달은 것은 '청춘 조용필'은 30~40년 전 끝난 과거형이 아니라, 영원한 현재로 남을 진행형이라는 것이다. 청춘을 숫자로 정의하면 보통 20~30대를 일컫는다. 그러나 진정한 청춘은 나이와 관계없이 끊임없이 새로운 것을 시도하고 성장하면서 사랑하는 사람들에게 꿈과 희망을 주는 것이다. 나이가 70이 넘어도 매일 무언가에 가슴 설레고, 늘 새로운 배움과 시도를 두려워하지 않는 것. 몸은 늙어가도, 마음은 날로 새로

워지며 성숙해가는 것이다. 조용필은 늘 최고의 현재를 만들기 위해, 음악을 위해 살아간다. 그 현재는 다시 쌓여서 찬란한 미래가 될 것이다.

'뉴트로'는 레트로, 즉 복고에 새로움을 덧입힌다는 의미다. 지금 한국 가요계를 보면, 뉴트로를 제대로 실천하는 대표적 가수는 단연 조용필이 아닌가 생각한다. 조용필은 〈킬리만자로의 표범〉에서 "나는 하이에나가 아니라, 산정 높이 올라가 굶어서 얼어 죽는 눈 덮인 킬리만자로의 표범이고 싶다"고 외친 것처럼, 청춘의 열정을 계속 이어가고 있다. 조용필은 영원히 청춘이다.

나는 용필이 형이 오래오래 우리 곁에 남아 있으리라 믿는다.
용필이 형의 몸과 마음이 늘 건강하길 기원하며, 다시 등장할 조용필의 '앞서가는 음악'을 기대한다.

지금까지 읽어주셔서 감사합니다.

KI신서 13062

청춘 조용필

1판 1쇄 인쇄 2024년 10월 11일
1판 1쇄 발행 2024년 10월 21일

지은이 홍성규
펴낸이 김영곤
펴낸곳 (주)북이십일 21세기북스

인생명강팀장 윤서진 **인생명강팀** 박강민 유현기 황보주향 심세미 이수진
디자인 표지 김지혜 **본문** 홍경숙
출판마케팅팀 한충희 남정한 나은경 최명열 한경화
영업팀 변유경 김영남 강경남 황성진 김도연 권채영 전연우 최유성
제작팀 이영민 권경민

출판등록 2000년 5월 6일 제406-2003-061호
주소 (10881) 경기도 파주시 회동길 201(문발동)
대표전화 031-955-2100 **팩스** 031-955-2151 **이메일** book21@book21.co.kr

ⓒ 홍성규, 2024
ISBN 979-11-7117-840-7 03670

(주)북이십일 경계를 허무는 콘텐츠 리더

21세기북스 채널에서 도서 정보와 다양한 영상자료, 이벤트를 만나세요!
페이스북 facebook.com/jiinpill21   **포스트** post.naver.com/21c_editors
인스타그램 instagram.com/jiinpill21   **홈페이지** www.book21.com
유튜브 youtube.com/book21pub

서울대 **가**지 않아도 들을 수 있는 **명강**의! 〈서가명강〉
'서가명강'에서는 〈서가명강〉과 〈인생명강〉을 함께 만날 수 있습니다.
유튜브, 네이버, 팟캐스트에서 '서가명강'을 검색해보세요!